笑顔の人 仲本工事さんとの真実

歌手、仲本工事の妻
三代純歌

仲本工事こと仲本興喜
享年81歳
２０２２年10月19日22時22分、彼はこの世を旅立ってしまいました。
これからのお話は、仲本工事さんとの出会いから旅立つ日までの記録です。
仲本さんは目の前に起こったことの解決策をいつも考えている人でした。
口は重いけど、じっと自分の中でいろんなことを考えている人。
体にＯＮとＯＦＦのボタンがあって、ここぞと思う時でないと前に出てこない人。
学習院を出てドリフターズで名誉を極めた仲本さんと、おてんばで自然人の私。
なぜか互いに波長が合い、趣味が同じで、二人とも歌が大好きで。
仲本さんが事故に遭う3時間前、電話でこれからの未来について話しました。
「俺、名古屋に行ってもいいと思うんだよな」と仲本さんは言いました。
もし生きていたら今ごろどんな未来があっただろう……。
週刊誌に嘘を書きたてられたことが仲本さんと私の未来を変えてしまいました。
あの朝、「記者がウロウロしてるなら俺が行って言ってやるよ！　純歌は何も話すな」

と言って私のところに来てくれようとした仲本さん。
週刊誌の報道に心底怒っていた仲本さん。
何回止めても絶対に「9時に行く」と言っていた仲本さん。
私のために来てくれようとして亡くなった仲本さん。
この1年どれだけ泣いてきたことだろう。一生分の涙が出たように思う。
なにごとにも一生懸命だった仲本さん。
何度も仲本さんが何度も生き返った夢を見て、現実に戻ってまた泣いて。
一人で週刊誌の攻撃に耐え、いろんなことを考えてきました。
生きるということ、命の大切さ、生きているからこそできること、話せる、触れられる
という実感がどれだけ大切かということ。
ネットを見てはだめだと言われても、見てしまうのです。
犠牲をもう出さないためにも、私は立ち上がってみるべきだと思いました。
私にしかできないことがある、と思いました。
この本はその第一歩です。
併せて仲本興喜と私の真実も知ってほしいと思います。

まえがき

第一章　ひらめきの出会い　23

ペーパーナプキンの縁
仲本さん知ってたわ
こぶ茶バンド
夢が知らせていた？
あなた、見えるでしょ
テレビは嘘つかない
俺、応援に行くよ
いいよ、待ってる
自費で『恋待ちつぼみ』
いい思いしなかった
大変だった「全員集合」

第二章　仲本工事という人

志村、頑張ってた
説得したんだよ
給料は月40万円
できていた婚姻届
原因はお墓のこと？
籍入れなくていいの？
靴屋と駄菓子屋
タバコ吸わせてあげて
木の妖精が見えた
仲本工事に変身ボタン
俺が温めるから
タバコは1日4箱
銘柄は「中南海」
ものへの執着がない
健康おばんざい「仲本家」
わかりました、15万円で
2人のお父さん
罰が当たったんだ
ジェリーさんに電話して
病室の前で携帯が……

第三章　3人のお母さん

いらない子だったんだ
お母さん、養女って何？
安楽寺の裏の岩
何か知ったがかね？
お母さんに会ってみたい
涙の別れ、愛の結晶
DNAってすごい
リラの歌手だった母
肺炎になって進路変更
悪い女になってやる
階段下まで行列
小学生でイベント業？

単身、銀座に進出
おだてられてその気に
10分で100万円！
なめたらいかんぜよ
楽屋のテントに赤とんぼ
純歌の『朝花』、最高だなあ
最後の楽しい思い出
川島なお美さんの伝言
波長が合うんです
仲本さんの後ろに3人
加トちゃんが言っちゃった

第四章　暗転

143

新型コロナの猛威
釣りとカレー屋
え？　なんでここに？
楽しかった横浜麻雀
蛇のような目だった
誘導尋問の罠
断捨離は大事ですよ
ツイートが消された
生活があるからなあ
なんで言ってくれなかった
イザワ社長の電話
ドリフ辞めさせてほしい
駐車場が空いていれば……
架空だった「おまえのせい」
聞き耳立てられた
きれいだった仲本さん
私の愛人って誰？
葬送曲差し替え

第五章　新たな日々へ　187

悲劇は他人事だった
カバンに1枚の紙
よかった、生きていて
みんなに助けられた
高知、帰ってきいや
世の中を変えたい
どうやって生き返れたの！
仲本さん、来てる

あとがき
聞き書き人のあとがき　依光隆明（元高知新聞、朝日新聞記者）
編集付記　『週刊新潮』の暴走にみる報道被害

まえがき

私は2012年にザ・ドリフターズの仲本工事さんと結婚しました。事実婚でした。仲本さんからは「借金があるから純歌に迷惑がかかる」「籍入れなくても奥さんには違いないから」って言われました。信頼し合っていました。私も仲本さんを信頼していたし、仲本さんも一日中、私のことを考えているような人でした。

「仲本さん」と書いていますが、実際に私は仲本さんのことを「仲本さん」と呼んでいました。結婚したあと、「結婚したのに『仲本さん』っておかしくない？ ほかの女の子は『コウちゃん』とかって呼んでるのに、妻の私が『仲本さん』なんて」と聞いたことがあるんです。仲本さんの返事は「慣れてるからそれでいいじゃないか」でした。

小さなことにはこだわらない人でした。最初に会ったとき、仲本さんはちっちゃなグレーの軽自動車に乗っていました。驚いて「こんな車に乗ってるの？」と聞くと「ちっちゃい車がいいんだよ」と言っていました。物欲、ないんです。時計もこだわらない。服も買いに行かない。お酒は一滴も飲まない。何が大事かというと、私だったと思います。私のスケジュールに自分を合わせるみたいな。信頼し、支え合っていました。

運命の2022年10月18日、午前6時半に仲本さんへ電話をかけました。当時、私は東京の目黒区に住む仲本さんと離れて横浜に住んでいました。本文で説明しますが、釣りにはまったことと、コロナ禍の収入減を補うためにカレー屋を開いたためです。そこに毎日仲本さんが来てくれていました。前日の夜8時半、仲本さんが横浜から帰るときに「あしたは朝9時に来るよ」と言われました。「そんなに早く来なくてもいいよ」と言うと、「9時に行く。だって週刊誌いるんだろ」と。

実は前の週に『週刊新潮』が私のことを「モンスター妻」のように書いていました。仲本工事を虐げているとか、家がゴミ屋敷になっているとか。でたらめでした。驚きました。こんなことってあるの?許されていいの?と思いました。仲本さんも怒りました。私が「家の近くに週刊誌の記者みたいな人がいた」と言ったので、心配して「朝9時に行く」の一点張りだったんです。深夜の12時半にも電話をかけたんですよ。「朝9時でなくていいんじゃない?」と。でも仲本さんの返事は「9時に行く」でした。

18日午前6時半に電話をかけたのも、なにか気になってしょうがなかったからです。こんな会話になりました。

図書目録

毒がなければ詰まらない
蜜がなければ愉しめない
骨がなくては意味がない

Leaders Note

◉新型コロナウイルスNEWSウォッチ

コロコロ日記

ヒグマルコ著

短い期間で全世界へと広がった新型コロナウイルス。情報も渦巻いた。ニュースウォッチャーの著者が中国での肺炎発生から約３ヶ月間の国内外ニュースや話題を時系列・マンガ入りで日記風に紹介。情報と現実に向き合うための一冊。

四六判並製　定価１４００円＋税

◉こんな明るい闘病記、あっていいのだろうか？

THE 30才男白血病！

今象久傘著

30才の著者が、ある日、「急性骨髄性白血病」になった。医師・看護師、肉親や友人の反応から、検査や治療法、大笑いのツボまで、体験者にしか書けないリアルが満載。この本に、あなたは、泣きますか？ 笑いますか？

四六判並製　定価１４００円＋税

◉北海道の警察官は、ひき逃げしてもクビにならない

見えない不祥事

小笠原淳著

北海道警察に公文書の開示請求を行い、『北方ジャーナル』で発表してきた骨太の著者が、警察組織に全面戦争を仕掛ける話題書。「こんな記者がいたのか」とジャーナリストらを唸らせる、徹底した調査報道ノンフィクション。

四六判並製　定価１５００円＋税

◉報道とは何か。何を伝えるのか。

報道記者の原点

朝日新聞社 前記者教育担当部長 岡田力 著

報道とは何か。何を見つめ、どう取材し、いかに伝えるべきなのか。朝日新聞社の前記者教育担当部長・岡田力氏がプロフェッショナルとしての思考から技術までを解説する。体験を軸にした展開が説得力を持つ「記者入門ガイド」。

四六判並製 定価1400円＋税

◉記者入門書の決定版

報道記者のための取材基礎ハンドブック

朝日新聞社 西村隆次 著

有望な新人の新聞記者に「記者の勘所」を伝えられないかと、著者が書き溜めてきたノウハウを公開。街ダネの見つけ方に始まり、読者と記者の「思考の逆構造」、連想の進め方、発想や着眼、記事の書き方など、記者活動の基本を解説。

四六判並製 定価1300円＋税

◉薬づけからの脱却

治す！うつ病、最新治療

リーダーズノート編集部 編

悪循環に陥ったうつ病治療は、「薬づけ」から「減薬」の時代を迎えようとしている。磁気で脳を刺激するTMS治療。誤診を見抜く光トポグラフィー検査。思考と習慣をコントロールする認知行動療法など。うつ病治療の最前線に迫る。

四六判並製 定価1400円＋税

書籍のご注文方法

※ご注文頂いた商品の返品は、ご遠慮頂きます。

（1）お電話でのご注文方法

下記へご連絡ください。

☎ **03-5815-5428**（リーダーズノート出版）

・お名前・配送先・電話番号をお伺い致します。
・お支払い：代引きのみ

（2）お近くの書店でのご注文方法

全国の書店で、お取り寄せが可能です。

原稿募集のお知らせ
（一般書籍及び電子書籍）

- 一般書籍の出版企画及び電子書籍の出版企画をお持ちの方は、企画書、原稿、原稿サンプルのほか、経歴書、連絡先（住所、氏名、年齢、メールアドレス、電話番号）を明記の上、メールもしくは、郵送でご応募ください。
- お送り頂いた資料は、ご返却することはできません。
- 審査の上、出版の検討ができるものに関しましては、編集者よりお電話をいたします。刊行が難しい場合には、特にご連絡をいたしませんのでご了承ください。
- 審査には長くて２ヶ月程度かかる場合がございます。
- 他社様とのダブルブッキングがある場合は、審査をお断りする場合がございます。
- 企画出版では、内容により当社規定の印税契約を締結しての刊行となります。
- ご不明点、審査結果につきましてはお気軽にご連絡ください。

[企画の送付先]
メール：info@leadersnote.com
郵送：〒114-0014 東京都北区田端 6-4-18

お問い合わせ
リーダーズノート出版
〒114-0014 東京都北区田端 6-4-18
TEL.03-5815-5428

「おはよう！」

「えっ、こんなに早くから起きてたの？」

「うん！」。むしゃむしゃ。

「何食べてるの？」

「おにぎりだよ！」

「元気だねえ。何？　昆布のおむすび？」

「そうだよ！」

「きょうさあ、9時って言ってたけどやっぱり9時じゃなくてよくない？」

「いやいや9時に行くよ」

「ちょっと9時じゃ早いんだよね。私、今6時半に起きてるけど、まだ早いから二度寝したいんだよね。二度寝して起きるから9時半から10時ぐらいでいいんじゃない？」

「いや、だって、記者がウロウロしてたんだろう。だから9時に行くよ」

そんな会話のあと、仲本さんが思い出話を始めました。これまでに行ったコンサートのことです。仲本さんって外国のアーティストが好きだったんですけど、「あのショー、素晴らしかったねえ」って。「もう1回見たいなあ、ラスベガスで見たあのショー。あのショーが本当に俺が見た最高だったなあ。あんな歌い手はもういないよ」って。すごくいろんなことを話してくれて、思い出をいっぱい話してくれたんですよね。なんかいい話だなと思ったものだから、なんとなく録音したくなってきて、会話の途中からスマホに録音を始めたんです。そんなことしたのは初めてなんですよ。でも録音し始めてからはあまりいい話はなかったなあ。

午前9時を過ぎても、仲本さんはなかなか来ませんでした。

仲本さんの携帯電話に電話しようかと思いましたが、運転中に電話を取ったら事故につながると思ってやめました。

午前10時、経営していた居酒屋の従業員に電話をかけ、仲本さんの車が車庫にあるかどうか見てもらいました。「車、ないよ」と言われました。

午前11時前、心配になって外に出てみました。家の前の広い道路に赤い三角ポールが見えました。事故処理だ、と思ってそこに走りました。警察の車両が何台もいました。仲本さんの車が事故に巻き込まれたかも、と驚いて警察官の方に「車の事故ですか?」と聞きました。「いいえ」と言われたので、仲本さんじゃないなと思って帰ろうとしました。歩き始めたとき、男の人が立っていました。「人身ですか?」と聞くと、ちっちゃな声で「人身です」と。この人が事故の当事者だな、仲本さんの車じゃなかったな、と思いました。車の運転ばかり心配していましたから。

家に戻りましたが、仲本さんは来ません。心配で心配で、12時になって保土ケ谷警察署に電話しました。「来るはずの夫が来ないんです。事故に遭ってるんじゃないかと心配で」と訴えると、警察の方は仲本さんの名前や生年月日を聞いてきました。聞かれたことに答えると、「その方は事故に遭われて病院にいます」と言われました。パニックになりながら「大丈夫でしょうか」と聞きました。返答は、「意識はあったようです」でした。

警察の方は「今からお伺いします。家を教えてください」と言いました。なぜ迎えに来てくれるんだろうと思いながら待っていると、すぐに女性警官が来てくれました。「行きましょう」と言われ、ワゴン車に乗りました。男性の警察官が運転していました。女性警察官に「今どんな状況ですか?」と聞くと、「ICU（集中治療室）におられます。手術をされたようです」と言われました。

仲本さんは集中治療室にいました。お医者さんから「説明をします」と言われました。別室に呼びこまれたあと、医師はこう言いました。「もう二度と意識が戻ることはありません」。聞いた瞬間、頭が真っ白になりました。完全にパニックでした。部屋を走り出て、気がつくと病院を飛び出す寸前でした。今考えると私も交通事故に遭っていたかもしれません。ちょうどそのとき、ドリフターズが所属するイザワオフィスのマネジャーが病院に駆けつけてきました。両肩をつかまれ、「純歌さん、しっかりしてください」と揺すられました。

年齢こそ81歳でしたが、仲本さんは病気ひとつない健康な人でした。ヘビースモーカーなのに肺もきれいだと言われていました。運動神経もよくて、「今でもバック転できる?」と聞くと「できるよ、そんなもん」と。車の運転もうまかった。事故の前日、仲本さんは「純歌、映画が決まったぞ。夫婦で出ていいんだって。よかったな」とすごく喜んでいました。「悪いこともあるけど、いいこともあるんだよ、純歌」って。悪いことというのは週刊誌でバッシングされたことです。コロナで店の経営が厳しくなったりもしましたが、私と仲本さんにとっての「悪いこと」は週刊誌にバッシングされたことだけでした。

70歳を超えて舞台の仕事が減ってから、仲本さんはいつも「舞台やりたいな、やりたいな」と言っていました。その願いが届いたのか、翌月は舞台『日本昔ばなし―貧乏神と福の神』で貧乏神を演じることになって。「俺は貧乏神にぴったりだ」って言って人を笑わせて、舞台を本当に楽しみにしていました。

仲本さんは歌が上手で、本当は歌手になりたかったんだとよく言っていました。趣味はマージャンとパチンコです。私にマージャンを教えてくれて、「賭けない、吸わない、飲まない」をスローガンにした健康マージャン大会にもよく出ました。私はタバコを吹かすんですが、それも仲本さんの影響です。仲本さんもぷかぷか吹かすだけです。肺に煙を入れないので肺がきれいだったのかもしれません。タバコとは逆に、私はお酒を飲まなくなりました。もう何年もほとんど飲んでいません。それも仲本さんの影響です。

私が釣りを好きになったころ、一緒に釣りに行ったことがあります。ところがその日の東京湾はちょっと波があって。船酔いしてしまった仲本さんは「もう二度と釣りはしない」と言っていました。釣りだけは仲本さんと私で好みが違っていました。でも私が釣りにのめり込むのをにこにこと見ていました。いい人でした。考えてないようでいつも考えてくれている、優しい人でした。

怒りっぽいところもあったんですよ。自分は酒を飲まないからでしょう、酔っ払いが大嫌いで、酔っ払いを見たら「近づくな」って。酔っ払いが隣に来て肩に手を回したりしたら「やめろよ！」って声をあげて怒っていました。しつこい人が嫌い、質問攻めする人が嫌い、長居する人が嫌い。でも怒るのはよほどのことで、ほぼほぼ温厚でした。

仕事でもプライベートでも私たちはいつも一緒でした。２０２０年3月に志村けんさんが亡くなったあと、『志村けんの大爆笑展』という回顧イベントが始まりましたが、地方で行われる「大爆笑展」には私が行きたいところに参加していました。「純歌、北海道行きたいだろ、沖縄も行きたいだろ」なんて言って。仲本さんにとってすべての中心が私であり、私にとっては仲本さんが中心でした。「ねーねー、ちょっとお願いがあるんだけど」「またかよ」なんて会話をいつもしていました。

仲本さんが亡くなったあとも週刊誌のバッシングは続きました。事故当日、加藤茶さんに私が「おまえのせいだ」と怒られたという報道がありましたが、全くの事実無根です。お棺の中の仲本さんの写真を撮って高木ブーさんの娘に怒られたのも事実無根だし、戒名料を半分ネコババも嘘八百です。電話をかけてきた記者に「違いますよ、誤解ですよ」と説明したのに全く通じませんでした。「男がいるんですよね」とかっていきなり質問してきて、「なに馬鹿なこと言ってるんですか。そんなことあるわけないじゃないですか」と否定して。でも週刊誌に載るのは記者が質問してきたことで、自分の答えたことはどこにもなくて……。そんなことばかりでした。嘘、嘘、嘘。とんでもない嘘が、あたかも本当のように次々と報じられました。世の中全体が私を非難している、という恐怖心に包まれました。

告別式が終わったあと、東京の自宅に帰りました。「ピンクローズ」という元スナックです。幸い週刊誌の記者はもう見えませんでした。仲本さんの遺骨と、祭壇を並べてきれいにして、四十九日が終わるまでそこにこもっていました。

家にこもっていると、ついスマホでネットを見てしまうんです。「ネットは絶対に見ちゃだめだよ」って友人たちに強く言われてるのに、見てしまう。見ると、毎日のように私のことが載ってる。ひどい女だ、モンスターだ、頭がおかしい、ゴミだらけでお年寄りを虐待していた……。いろんなことを書いた記事がバンバン出ていて、ちょっと外へ出れば、みんながちらっと見る。あ、あの人だ！　みたいな。だから外にも出れらなくなって、ずっと家の中にいたんです。

そのとき、もう私、こんなに書かれてしまって、世間にこんなに思われて生きていくのも嫌だなって思って。それからもう一つ、私に会いに来る途中に仲本さんが亡くなった、もう二度と仲本さんに会えないんだって思ったら、ほんと死にたくなったんです。仲本さんが亡くなったのは、私を週刊誌の記者から守ろうとして来てくれる途中でしたから。

これも本文に書きましたが、何度か本当に死のうと思いました。芸能人の自殺がたびたび話題になりますが、私はその気持ちがわかります。でも、実際に自殺したときは衝動だったように思います。私がそうでしたから。死にたいとずっと思っていて、あるとき衝動的に死のうとして行動する。そのときに死ぬか、死ぬのを誰かが思いとどまらせてくれるかは紙一重のように思います。私は死にませんでした。死のう、死のうと思いながら、私はそばを離れなかった友人たちに思いとどまらせてもらいました。

死ぬことを考えていたあるとき、ふっと「自分は料理が好きなんだ、そうだ料理をしよう」と思ったことがあります。料理を作ろうって思ってスーパーへ買い物に行ったんです。ところがスーパーに入った途端に後ろ指をさされてしまって。立ち止まって見る人もいて。慌てて家に帰りました。戻って電気をつけたら、『週刊新潮』の記者2人が来ました。「どうもどうも〜、純歌さん〜、その節はお世話になりました〜。もうあの記事が好評で〜、ありがとうございました〜」って言うので、「ちょっと待ってよ、あなたたちのせいで仲本さんが心配して来るときに事故に遭ったんでしょう」って怒ったんですよね。人が亡くなってるんですよ、「ありがとうございました〜」じゃないじゃないですか。私、怒ったんです。そうしたら「いや〜、あの記事がねえ〜、皆さん喜んでいただきましてねえ〜」って。あまりにひどいので、私のマネジャーが出てきて「何だよおまえら」って怒ったんです。

そしたら、「あらあら、その怖い方はどなたですか〜？　その方は〜」って。ひどいなと思って。なんかもう、それっきり料理作るのもやめました。

家にこもっていたのは1カ月くらいです。助けてくれたのは友人たちでした。私を自殺させないため、もうみんなが次々と泊まりに来てくれました。私を励ましてくれて、ご飯持ってきてくれたり、果物を持ってきてくれたり、仲本さんへのお供え物を持ってきてくれたり。古里高知の友人たちは「高知に帰って来いよ、みんな待ってるから」と言ってくれました。うれしかった。ありがたかった。ほんと私は周りの人たちに助けられました。

仲本さんが亡くなって半年後、高知に帰ったときにこの本を書こうと決めました。知り合いの多くは「噂は3カ月で消える。我慢しろ」と言いましたが、でたらめなことが歴史となって残るのは嫌でした。よくないとも考えました。それから報道被害ということも考えました。毎年のように芸能人の自殺が止まりませんが、その理由の一つはでたらめな報道と、それを契機とするネットの書き込みだと思います。週刊誌のでたらめさは体験したからこそ分かります。何度説明しても耳を貸さない、自分たちの作ったストーリーだけを書く。こんなことが許されていいの？　という思いは今も持ち続けています。

でたらめな報道を契機に始まる嵐のようなネットのコメントは恐怖でした。書き込む人は一種の正義感から書くのでしょうが、その前提がでたらめなのです。世の中全体が自分に「死ね」と言っているような気になって、でも反論する力もすべもなくて。そのうち本当に死にたくなるのです。でたらめな報道をきっかけとする芸能人の自殺、そんな負の連鎖に一石を投じたいとも考えました。

記憶に残っている限り、事実を記したつもりです。少しは記憶違いや思い違いがあるかもしれませんが、嘘や誇張はありません。事実を残すことが目的なので、刺激的な表現もしていません。これが仲本さんと私の真実です。読んでいただくことができれば幸せです。

ありがとうございます。

第一章

ひらめきの出会い

ペーパーナプキンの縁

仲本工事さんと初めて会ったのは２００１年ごろです。私が33歳のときでした。私は高知市生まれの高知市育ちです。当時は高知シティＦＭで『純歌の恋する演歌』という番組を持っていました。仲本さんのミニコンサートが高知で開かれたとき、私は知り合いの方に誘われて聴きに行きました。仲本さんにさほど興味はなかったんですが、知り合いに何度も誘われたので。

そのとき、仲本さんは60歳。ケントスって知ってますか？　オールディーズ系のライブレストランなんですが、その系列が全国にあって、60歳を機にそこを回ってライブをしていたんです。知り合いに「チケット買ったから一緒に行こう」って言われて。私は「仲本工事が来て何やるの？　バック転？」みたいなことも言って。仲本さんが歌を歌うなんてことも知らなかったですから。何度か断ったけど、知り合いに「どうしても」って言われて行くことになったんです。

お酒を飲みながら仲本さんの歌とトークを遠くから見ていました。最後の曲の前に仲本さんが「泣いても笑ってもこの曲で最後」って言いました。瞬間、ふっとひらめいたんです。「あ、あしたはラジオの収録だ。仲本さん、あした高知にいるかな。私のラジオに出てくれないかな」って。隣に座る知り合いに「ちょっと紙ない？」って聞いたら「ない」って言うから、そこにあったペーパーナプキンに私の電話番号と「ラジオに出てほしいです」って書いたんです。

ステージが終わった瞬間に楽屋の近くまで走って、歩いて楽屋に戻る仲本さんの手にペーパーナプキンをねじ込みました。「すみません」って言って。そしたらチップと間違えて「いや、いいよ」って言われて、「いいよじゃなくて」って言いながらねじ込ませてもらったんです。向こうはチップだと思っていて、楽屋に入って手を広げてみたら「なんだ紙切れじゃん」って思ったみたいです。

それだけのことだったので、電話もらえないだろうなって思っていました。ところが次の日に電話がきたんです。「仲本工事です」って。「げーっ、ほんとにかかってきた」と焦ったんですが、仲本さんは「もう今、広島に向かってる途中なんだよね。だから電話でだったら出演できるよ。来週も六本木でライブがあるからライブの場所に電話ちょうだいよ」って言ってくれて。それで翌週、電話で出演してもらったんです。

私の中ではそれで終わってたんですけど、というか大物芸能人にこちらから連絡が取れるわけないですから、「やってもらってよかったな、いい人だったな」という感謝の気持ちで終わってたんですけど、そのあと仲本さんからときどき電話がかかってくるんです。3カ月に一回くらいかなあ、なんか忘れたころに。「東京には来ないのか」とか「居酒屋やってるんだけど、居酒屋に来ないか」とか。当時、仲本さんは東京の渋谷で「名無し」という居酒屋をやっていました。私は「いや、なかなか東京には行かないですね」って全部断っていました。

私の人生はあとで触れますが、ちょっとしたきっかけがあって私は36歳のときに歌手デビューをしました。「高知に住んでいてもいい」というのを条件に、大阪の芸能事務所に所属して。デビュー作はA面が『ごめんね』っていう曲で、カップリングが『ありがとう そしてこれからも』。『ノラ』を歌っていた木下結子さんが出していた曲をもらったんですよね。木下さんは『ありがとう そしてこれからも』がA面で、B面が『ごめんね』だったんです。それを逆にして。

あるとき、キャンペーンで東京の中野サンプラザに泊まりました。キャンペーンさせてくれる飲み屋さんを何軒か回って、終わったのが夜の12時でした。

仲本さん知ってたわ

中野サンプラザに戻ったとき、こんなことを考えたんです。まだ私も若かったから、「12時ぐらいに寝るとかって早すぎない？　せっかく東京に来たのに」って思って。1人で飲みに出たんですよ。中野サンプラザの近くのバーで1人で飲んでたら、「東京で知ってる人いたらなあ」って思ってしまって。そのときに、「ああ、仲本さんを知ってたわ」と思って。何回も電話をくれてるから、酔っ払った勢いで、夜中の2時ぐらいだったけど、「仲本さん来ないかな」って思っちゃって。

それで電話かけたんですよ。そしたら、「わかった、行くよ」って言って、来てくれたんです。来てくれたのは午前2時半か3時前ぐらいだったかな。それがまあ、事実上の初対面。「中野サンプラザの前で」って約束して。「どれぐらいかかります？」って聞いたら「30分」って言われて。「えっ、30分も！」って言ったら、「東京っていうところはね、どこ行くにも30分はかかるんだよ」って諭されて。私、高知の感覚で「えっ、30分も！」って言っちゃったんです。

私は仲本さんわかるけど向こうは私のことわからないよな、と思ったけど、中野サンプラザの前で会うことにして。バーに「ちょっと私、抜けてきます」って断りを言って、バーを出て、仲本さんを迎えに行ったんです。ちっちゃな軽自動車の前で立ってたんですよね、仲本さんが。芸能人なのに、こんなちっちゃい軽に乗ってるんだって思ったのが初めての印象でした。「乗って」って言われて助手席に乗って、仲本さんが「駐車場探すから」って言って。ちっちゃい道をねえ。中野サンプラザの横の道路を渡ったところにバーがあって、そこに入る路地が超細かったんですよ。通れるかな通れないかなっていうくらいの道をもうゆっくりゆっくり走っていった覚えがあるなあ。で、駐車場に車停めてバーに行って、そのままご馳走になって、中野サンプラザの前で「じゃあね」って分かれて。「ごちそうさまでした」って。それが午前4時半ぐらいかな、たぶん1時間半ぐらいしか一緒にいなかったと思うんですけど。

どんなこと話したか、全然覚えていないんです。緊張し過ぎするぐらい緊張して。何しゃべっていいかわからないから、わけわかんないことしゃべってたような記憶がある。なんか、別に聞きたくもないし言わなくてもいいようなこと。仲本さんはほとんど黙ってるだけ。ぼそっと言うぐらいのことで。だからもう、最初っから緊張しっぱなし。「え、なんでこんなこと私、言ってるんだろう」っていうぐらい緊張してましたね。年はいくつなのとか、高知はどこに住んでるのとか、そういう質問形式は絶対しない人なんで。私のほうが逆に聞くばっかりですよね。もう緊張しまくって。こんなに緊張するんだったら呼ばなければよかったっていうぐらい大変だった。酔った勢いで呼んだものの、こんなにしゃべらないといけないんだ、みたいな。それが最初の出会いでした。

こぶ茶バンド

「中野サンプラザ事件」の1カ月後くらいに、高知にいる私に仲本さんから電話がかかってきました。「こぶ茶バンドの舞台が名古屋であるから名古屋においでよ」って。仲本工事の「こ」、高木ブーの「ぶ」、加藤茶の「茶」。で、「こぶ茶バンド」。私、名古屋に行きました。「楽屋においで」って言われていたので、楽屋にお邪魔して。そこでも緊張しました。いつもテレビで見てる人たちがいるんですから。加藤茶さんも高木ブーさんもいるわけだし、それは緊張しました。

仲本さんは客が来るのは慣れてるんでしょうね、当たり前のような感じで。自分の出番が来たら楽屋を出ていくわけじゃないですか。楽屋で私一人です。見ず知らずのこんな私を楽屋で1人にする？　っていうぐらい本当に人を信用する人でした。「出番だから行ってくるから。ゆっくりして」って。「ええっ？」って。初日は楽屋にあるモニターで舞台を見ていました。2日目は「舞台見たかったらチケット買ってあげるよ」と言ってくれたので、客席で舞台を見ていました。

仲本さんの周りには女の人がいっぱいいましたね。なんかいろんな人が楽屋へあいさつに来ていたし、もちろん飲み屋の女の人も多かったし。この人、仲本さんのこといっぱい知ってるんだなっていう人がたくさんいた。私は関係ないから別にどうってことはなかったけど、とにかく周りに女の人がたくさんいました。付き人も20歳ぐらいの女の子で、その子とも仲がよかったみたいです。お弁当分けて半分ずつ食べていましたから。「おまえ、全部食わないだろう、俺の半分あげるから半分ずつ分けっこしよう」みたいな。

仲本さん、女性に優しいというか、すごくもてるんです。酒は飲まないくせに飲み屋は大好き。クラブとか大好き。黙ってぶすーっと座ってるけど、実は大好き。コーヒー飲んで女の人、口説くから。いや、口説くというよりも口説かれるっていう感じなのかもしれない。自分からはあんまり言い出さないタイプだと思います。飲むのはコーラかコーヒー。だいたいコーヒーかな。なかったらコーラ。

結婚したあと、私一時的にやきもち焼きになっちゃったんです。もうほんと、私、頭おかしくなったんじゃないかなっていうぐらい。女の人からよく電話がかかってくるんですよ。私は「仲本さん」って呼んでるのに、若い女の人から「コウちゃん」って電話がかかってきて、「コウちゃんご飯食べに行かない?」って。仲本さん耳がだいぶ遠くなってきてましたから、携帯電話の音声を大きくしてるんですよ。「誰?」って聞いたら「間違い電話だよ」って。「嘘ばっかり、いまコウちゃんって言ってたじゃん」って。「ちょっと携帯貸してよ」って言ったら、「なんでよ」って貸さない。「貸してって言ってるじゃん」「嫌だよ」「なんでよ、間違いだったら言えるでしょ」って。携帯奪って見たら、女の人の名前が書いてある。「ほら名前書いてんじゃん、これどういうこと?」って言ったら、「記憶にない」って（笑）。それぐらい、けっこう女好きだったなあ。仲本さんが年を取って、そういう気にならなくなってからはそんなこともなくなったけど。

私と仲本さんって波長がとても合っていたんです。私がたぶん、天真爛漫だったから、黙ってる仲本さんとイケイケの私がぴったりだったんですよね。私が仲本さんの友だち関係を大事にするし、趣味も一緒だし、居心地がいい。私も居心地がよくて、24時間いても飽きない。お互いが飽きないんです。普通、ちょっといたら飽きるじゃないですか、息苦しくなったり。そういうのがなかった。仲本さんも、私にときどき怒られてても、そういう私の言うことをかなえてあげたり、私のやりたいことを応援するのが自分のことのようにうれしかったと思います。一緒にいるのがお互いに不可欠っていうのかな。いないとだめっていうのかな。24時間一緒にいても飽きなかった。

夢が知らせていた？

仲本さんのことはもちろんドリフターズ時代から知っていました。私が小学校のころからです。荒井注さんがいた時代じゃなく、もう志村けんさんの時代でした。「全員集合」も見ていました。

私、あまり人に言ってなかったんですが、未来のことを夢に見たりとか、死ぬ人がわかったり、「見える」ところがあるんですよ。私がいろんなことを当てたりするから、小学校では毎朝友だちから「純ちゃん、きょうはどんな夢を見たの?」って聞かれていたくらい。あるとき、仲本さんを夢に見たんですよ。自分が仲本さんと一緒にいる夢でした。あれ? 将来、私、仲本さんといるのかな? なんで? って思ったんです。小学校に登校し、きょうは仲本さんの夢のことを言おうと思いました。最初、ドリフの誰が好きかを聞いてみようと思って「ねえねえ、みんなドリフで誰が好き?」って言ったら、出てくるのは加藤茶さんと志村けんさん。仲本さんの名前が出なかったから言うのをやめちゃった。「どうしたの? 何? 何? 何?」って聞かれるから、「ううん、なんでもない」って言って。

仲本さんと出会う少し前にも夢を見たんです。ドリフターズの誰かの葬式に私が出てるんですよ。そのとき私、仲本さんとの接点は1個もないときですよ。「なんで私、ドリフのメンバーの葬式に出てるんだろう」って思ったことを覚えています。

実は仲本さんが亡くなる日にも変なことがあったんですよ。

亡くなる日は朝の9時に来る、9時に来るって言うから、3回止めたんですよ。でもどうしても9時に来るって言うから、「じゃあ来るなら絶対に遅れないでね」って言ったんです。「うんわかった」「気をつけてきてね」なんて言って。朝6時半に一度電話したあと、まだ早かったから8時半に鳴るように目覚ましをかけたんですよ。30分あったらお風呂入って髪乾かせると思ったから。電話を切ったのが7時前ぐらいだったので、1時間半くらい眠れるなと思って、8時半に目覚ましをかけて、寝て、目覚ましが鳴ったからパッて飛び起きて。お風呂入らなきゃって思って。

テレビをつけっぱなしだったんで、起きた瞬間、テレビの画面を見たんです。画面にテロップが見えたんですよ。「仲本工事死去」って。一瞬、それが見えたんです。普段の私ならそこで気がつくのに、そのときは「なんでそんなの見たんだろ、頭おかしい、おかしい」って思って。それ以上、何も考えず、目をこすりながら「仲本さん来るからお風呂入らなきゃ」と思ってお風呂に入ったんです。私、よく正夢を見るし、起こることが事前にわかるのに、いろんなことがわかるのに、そのときは夢の知らせに気づかなかった。それが悔やまれて悔やまれて。私、先のことを夢が知らせてくれるんです。そうやって教えてくれているのに、そのときは気づかなかった。気づいて仲本さんに電話していたら、1分でも2分でも時間がずらされたかもしれない。気をつけてねって言えたかもしれない。

絶対遅れないでねっていうのもなぜか何度も何度も言ったんですよ。念を押したのに、仲本さん15分遅れたんです。事故に遭ったのは9時15分。片側2車線道路で、手前から2つめの車線にトラックが停まってて、たぶん左から来る車に注意しながら道路を渡ってたんだと思います。ところがトラックの向こうに右折レーンがあって、そこを右から走ってきたワゴン車と衝突してしまいました。衝突っていってても激しい衝突ではないんです。トンとぶつかった感じみたいで。ワゴン車じゃなかったら助かったって言われたんですが、背が高いワゴン車だったので頭をぶつけて、血が頭の中にたまって、亡くなりました。1分間、時間が早くても遅くても事故には遭っていません。そういう意味では運命だったのかもしれない。

あなた、見えるでしょ

変な人だと思われるから人には言わないんですけど、私、生まれる前の記憶があるんです。というか、生まれる前の記憶だと自分で思っていることがあって。生まれるとき、前の人が「行かない」って言ったから私の番が来て。で、真っ暗闇の中にオレンジの光が見えて、「私、生まれ変わるんだ、うれしいな」って思った瞬間に、走馬灯のように人生が見えて。「こんなに苦労するんだったら嫌だ」って心で思ったら、声が聞こえて、「今行かないと、もう二度と会えないですよ」って言われて。ポンって背中を押されて、ストンと落ちたんですよね。

その記憶がずっとあって、なんでかなというのがあって。でもそんなこと言ったら変な人だと思われるから、言うのやめたって思って、ずっと言わなかったんですよ。霊能者の人に会うまでは。10年くらい前、ラジオ番組で霊能者の人に会って。その人が私の顔を見るなり「あんた霊能力ある人でしょ」って言ったんですよ。「見えるでしょ」って。「なんでわかるんですか!」って言ったら、「その額と目だよ」って言われて、「ええっ⁉」って。「実はこうこうなんです」って言ったら、「だろう」って。ラジオ番組の中で、もうボロボロ泣きながらいろんなことをしゃべりました。そのときまで誰にも言ってなかったんですよ。放送作家のはかま満緒さんが司会の番組でした。

テレビは嘘つかない

ドリフは大好きでした。

誰が好きだというわけではなくて、全員まとめて大好き。グループの面白さが好きでした。でも目につくのはやっぱり志村けんさんだし、仲本さんはどっちかっていうと、子どもの目にも日陰的な存在というか。加藤茶さんと志村けんさんが前に出て、仲本さんと高木ブーさんは影役だなって。仲本さんのことは一番人がよさそうだなって思っていました。

そういえば仲本さん、いつも言っていました。「テレビの画面は嘘をつかないんだよ」って。テレビの画面を見ていて、「こいつ性格悪いな、と思ったら絶対に性格悪いんだ」って。「テレビの画面って本当に嘘つかないんだよね。にじみ出る人格っていうのはどういう状況でもやっぱり出てくる」って。でも仲本さんって人の悪口は全然言わない。「こいつ、だめだよ」なんて言ったことがない。批評もしない。テレビを見てて、「この人はこうなんだよ」っていうような評論家的なことは一切言ったことないですね。芝居にケチつけたりとかも一切なかった。あの人がどうだとか、こんなことを言ってたとか、どんな仕事をしてるとか、全く興味がないというよりも、関係がないというか。人それぞれ、みんな大変な中で生きてるわけだから、犯罪を犯さなかったり、危ないことをしなかったらいいんじゃないかって。そういうおおらかなところが仲本さんにも私にもあった。

あるとき「仲本さん、好きな芸能人っていないの？」って聞いたことがあったんですよ。

仲本さん、こう言いました。「あとにも先にも、こいつはって思ったのは宮沢りえしかいない」って。「やっぱりね、お芝居も歌もすべてにおいて色気なんだよ。男も女もだよ」って。色気がない人は終わりというか、世には出ないというか。「どんなことも色気なんだよ」と。それはもう、何百回と聞いたことありますね。変な色気とかじゃないですよ。引き込まれる魅力というか、なんともいえない色気ですよね。

俺、応援に行くよ

名古屋の話に戻りましょう。こぶ茶バンドの舞台を見に呼んでもらったとき、たまたま私の2曲目が発売されることになっていたんです。事務所から「詞は自分で作れよ」と言われていて、その詞を私、仲本さんに頼んだんですよ。というか、仲本さんに振ってみたんですよね。「詞を書いてくれません?」って。そしたら「いいよ」って言ってくれて。いつも通りの「いいよ」です。「俺やったことないよ。でも頑張ってみるよ」って。

そのとき、こんなことも打ち明けたんです。「私、高知にいながらやってますけど、C

Dのキャンペーンもコンサートも、東京でやらないとだめだと思うんです。東京に行きたいんですよ」って。仲本さんはこう言いました。「来たらいいじゃないか、俺が金出してあげるよ。家は俺の友だちに頼むから」って。そのあと仲本さんは京都か大阪で天童よしみさんの舞台に出ることになっていたんです。「天童さんの舞台で俺は1カ月いないけど、友だちに言っておくからその間に家借りとけよ」って。仲本さんの友だちが東京を案内してくれて、品川区の大崎に家を借りました。

大崎の家に引っ越したのは名古屋の半年ほどあとだったと思います。それまでは高知で活動していました。仲本さん、高知によく来てくれましたよ。電話で「仕事ないのか」って聞かれて「今度ある」って答えると、仲本さんが「俺、応援に行くよ」って言うんです。「ギャラはいらないから」って。でも応援に来てもらうのなら飛行機代とか出してあげなきゃと思うじゃないですか。だから自分のギャラの中から仲本さんの飛行機代とか出して。仲本さんはそんなこと知りません。知らないまま死んじゃったけど、私のギャラはほぼなくなって仲本さん呼んでいました。赤岡町の絵金祭り（編注：高知県香南市赤岡町の『土佐赤岡絵金祭り』）だったかな。お祭りとかパーティーとか、10回近く来てもらいました。飛び入りゲストで来てくれて。お客さんは大喜びですよね。

それはそれで楽しかったんですが、事務所に怒られたんです。勝手にお祭りへの出演を決めたり、勝手に仲本さんを呼んだりしていましたから。「お前なんで事務所に黙ってやってるんや」って。私のほうは「だって私に言ってきてくれた仕事なのに。私が自分で取ってきた仕事なのに」という感覚でした。「それ事務所に言わんといかんやろ」っていう常識すら全然知らないぐらいのレベルだったんです。「普通は事務所に言うやろ。仕事は取ってええから事務所には言えよ」って諭されてからは報告するようになりましたけど。事務所とはどんどん疎遠になっていきました。

仲本さんの事務所、つまりイザワオフィスも誤解していたと思います。仲本さんに「事務所に言わないとだめだよ」って言ったら「いいよいいよ、写真とかが載らなかったら大丈夫」って。でもあるとき「事務所にばれた」って。「どこの馬の骨についてったんだって言われた」って。私、「それは仲本さんが悪い」って言ったんです。事務所に内緒で舞台に立ってたらそれは怒られますよねえ。そんなことがあったから、イザワオフィスの私への印象は最初からよくなかったと思います。

いいよ、待ってる

東京に出てから大阪の事務所との関係は切れました。仲本さんはイザワオフィスに属していますから、私が違う事務所に所属しているといろいろと面倒なことになってしまって。当時、仲本さんはお母さんと暮らしていました。沖縄出身のすてきなお母さんです。なによりも仲本さんのことが大好きで、私も大事にしてくれて。私もお母さんが大好きでした。

仲本さんを好きになったというか、信頼し合うようになったのは東京に来たころですね。仲本さんと一緒にいると、どんどんその魅力にはまっていくんです。絶対に弱音を吐かないところとか、オンとオフがはっきりしているところとか。趣味もほとんど同じで、一緒にいて全然飽きなかった。

仲本さん、朝10時に私の家へ車で来るんです。当時は私、のんべだったので、毎晩のように仲本さんと深酒していました。いや、仲本さんは飲まないので深酒していたのは私一人なんですが。朝の3時とか3時半まで飲んでいても、仲本さん朝10時に私の家の前へ来て電話かけてきて。「まだ寝てたんだけど」って答えると、「いいよ、車で待ってるから」って。「今からお風呂入るから待たせるよ」って言っても「いいよ、待つから」って。中にも入らず車で何時間でも待つ人でした。今考えたらなんで家に入ってこなかったんだろうと思うけど、「いいよ、待ってるよ」が日課でした。

私が準備して出ていくと、一緒にパチンコに出かけるんです。仲本さんと私の共通の趣味がパチンコでしたから。仲本さんのお母さん、「純歌さんに」って仲本さんにお弁当をいつも持たせてくれていたんですよ。海苔で巻いた三角のおにぎりを2個と、私、梅干しが好きだから中は絶対に梅で、あとチャンプルー（炒め物）ともう一品何かを必ず持たせてくれてたなあ。ずっとそれを作ってくれていました。

パチンコに行ったあと飲みに行くんですが、芸能人だからって高級なところに食べに行くのは全然なくて。私も仲本さんも、誰も来ないような小さなスナックが大好きだったんです。いっぱい入っても5人しか入らないスナックが大崎のガード下にあって、そこに毎日行って。「純歌、何が食べたいの?」ってママに言われて、「今日はねえ、○○が食べたい」とか言って、湯豆腐とかを作ってもらって。軽食ですよね。私はお酒を飲むし、仲本さんも粗食だし。仲本さん、食べないことにはものすごく強い人だったんです。朝から何も食べてないときに「おなかすいてる?」って聞いても「おなかすいた」って言う人じゃなかった。だから「おなかすいたからご飯食べに行こう」って言われたことは1回もなくて、食べても食べなくてもいいよって言うような人でした。あるとき「おなかすかない？」って聞いたら「俺に聞いたってだめだよ」って。「おなかがすいたなんて言うわけないよ」って言ってましたね。でもね、亡くなるちょっと前ぐらいにね、初めて「なんか、おなか減ったな」って言われて、「ええっ⁉」ってびっくりしたことがあって。「おなかすいたって言わないって言ってたけど、言うことあるんじゃん。腹減ったって初めて聞いたんだけど」って笑って。「珍しいこと言うねぇ」って言ったんです、私。「腹減ったなんて聞いたことないんだけど、今まで20年近くいて」って。そう、亡くなるちょっと前ぐらいだった。

仲本さんの体は甘ぁ〜いコーヒーとコーラで水分ができていたんじゃないかな。コーヒーに入れる砂糖はスティック5本ですよ。本当に甘いものが大好き。それで糖尿にならないんですから。尿酸値だけは高かったけど、ほかにどこも悪いところなかったですから。やっぱり舞台の前はね、痛風になるんですよ。舞台の前と、舞台の最中ですね。なぜかというと、痛風というのはストレスが原因でなることもあって。それに外へ行ったらタニマチ（ごひいき筋）の人がおいしいものを毎日食べさせてくれますからね。肉料理が多かったりすると尿酸値が増えますから。だから舞台のときは痛風になってたけど、それ以外は大丈夫だった。私の料理を食べていたら、まず痛風になることはないから。これもあとで書きますけど、私は料理が好きだし得意なんです。特に気を使っているのは健康。体にいい素材で健康的な料理を作るのが大好きなんです。

自費で『恋待ちつぼみ』

そうやって過ごしながら、半年くらいかけて仲本さんと詞を作りました。完成したのが『恋待ちつぼみ』です。２００６年6月、私は38歳でした。事務所から離れていたのでフリーです。『恋待ちつぼみ』もいわば自費制作でした。

こんな生活でいいのかなあと思って、私、仲本さんに聞いたことがあるんです。「事務所にも入らずってどうなの？　私、歌のことをやりたくて東京に来たのに」って。それを聞いて仲本さん、動いてくれたんです。いろんな人に私を紹介してくれて。でもお笑いの世界と歌の世界は違うから、なかなかいいツテがなくて。

一生懸命動いてくれたんですよ。『恋待ちつぼみ』の発売記念パーティーは仲本さんとのディナーパーティーにして300人の人が来てくれたし。事務所に入ることも2度決まりかけていたんです。一度目は仲本さんの事務所との関係があって、私が入ろうとした名のある事務所から仲本さんに「ごめん、入れられなくなった」って連絡が入ったそうです。そのとき仲本さんは「事務所に入らなくてもやれるよ。事務所に入ったら俺と一緒にいられなくなるじゃないか」と言っていました。違う事務所に入ったら24時間一緒に過ごすというわけにはいかなくなる。仕事中心になって、会う時間がなくなるという意味だと思います。

もう一度は私に後援会ができて、後援会長が話をつけてくれて、これも大きなプロダクションに入ることが決まっていました。鈴木淳さんに曲を書いてもらうことも決まっていたんです。ところが入る直前、事務所から「今後、仲本さんとの関係はなしにしてください」と言われて。それは無理だ、と思って。仲本さんも「入るのはやめてくれ」って言うし。きょうから行きますっていう日に「この話はなかったことにしてください」とお断りしました。事務所に入っていたらどうなったかなあ。運命ですよね。

いい思いしなかった

仲本さん、いろんなことを話してくれました。一番印象に残ってるのは何度も「ドリフではいい思いをしたことがない」と言っていたことです。「ファンがついて、仲本さーんって言ってくれたりしたことはうれしかったけど、ドリフではいい思いを一回もしたことない」と。「だから辞めたいんだ」ってよく言ってました。理由は言わないけど、たぶん、給料の面とかじゃないかな。晩年、全くお金がなくなってきて。「それ、事務所が毎年ある程度保証してくれるんじゃないの?」って聞いたら、「わかんない」とか言って。三カ月に一回、雑誌の仕事があるかないかぐらい仕事が全くなくなってきて、「それは契約をもう1回ちゃんと言わなきゃいけないよ、ドリフのＤＶＤだって出てるし」って励まして。仲本さん、事務所に言いに行ったことがあるんですよ。そしたら「年間保証するから」ってなったみたいですけど。でも、仲本さんにお金がなくなったのは前の奥さんが取りすぎたんじゃないかな。生活費や子どもの養育費はもちろん、家賃とか、引っ越し代、電気・ガス・水道代……。いくらいくら払ったっていうのが仲本さんが亡くなってから出てきたけど、「こんだけ前の奥さんに払ってたら残らないわ」と思いましたもん。

でも借金は人にだまされたからなんです。銀座でエステサロンをやらないかって誘われて、社長になって。最初はもうけていたらしいんですが、オーナーが仲本さんの名前で借金し続けて、借りるだけ借りて逃げてしまって。気がついたら仲本さん、2億円の借金を背負っていました。それが私と知り合ったころじゃないかな。仲本さんが偉いのは、それを黙々と返したことです。一切ぐちを言わず。しんどいとか、逃げたいとか、ひとことも言わなかったですね。一生懸命に借金を返している仲本さんを見て、すごいなと思っていました。

最初は仕事があったからいいけど、それも徐々になくなって。別れた奥さんにもお金を払っていたし、私の生活も支えていたので、そうとう頑張っていたと思います。亡くなったとき、借金は国民金融公庫のものだけでした。それも月1万円の支払いです。借金をそこまで返していました。

仲本さんは最初の奥さんと死別したんですが、その奥さんとの間には子どもができなかったんです。子どもができないのは仲本さんのせいだと向こうのお母さんに言われて、仲本さんもそう思い込んで。だから子連れの人と再婚したいと思って次の奥さんを見つけたと言っていました。子連れだった前の奥さんと再婚し、子どもが2人できたあとに別居し、離婚。そのあと私と結婚式を挙げましたが、結局、私とは籍を入れませんでした。

大変だった「全員集合」

ドリフターズの仲間とは仕事以外のことで連絡が来るようなそういう感じでもなく、会ったら仲良く話すけど、わざわざ時間を割いて会うことはなかったです。仕事以外で交流がないのは加藤茶さんと志村さん、志村さんと高木さんにしても、誰にとっても全部そうですよね。プライベートではまず会わない。

仲本さん、「全員集合」の時代のことはよく話してましたね。『8時だョ！　全員集合』ってゴールデンタイムの生番組じゃないですか。それを作るにあたって、1週間のうち2日か3日ぐらいでコントを考えるらしくて。メンバー全員が缶詰め状態、徹夜状態。一応、脚本家もいたらしいんですけど、その脚本を使うことはほとんどなく、リーダーのいかりや長介さんが中心になって、今度ああやろう、こうやろうって決めていってたって聞きましたね。水曜から始めて、土曜の夜が生放送。いつも食べるのはラーメンとチャーハンだったって言っていました。「みんな芸能人はいいもの食べてるだろうっていう思いがあるけど、自分たちはラーメンとチャーハンしか食ってねえんだよ」って。1週間サイクルで生番組ですから、大変ですよね。クラブに行ったり、ご飯食べに行ったりしたときにネタを思いついたりとか。人が言った言葉とかも取り入れたって。

「大変だったよ」って言ってました。でも仕事だから、みたいな。譜面が書けるから音楽担当で入ったら、なんかコミックバンドになって。いろいろと考えて、こうやろうああやろうってことをいっぱい考えるのはいかりやさんだったらしいです。それにメンバーがいろいろと付け加えていくっていうふうな。いかりやさんはセリフを覚えるのが苦手らしくて。「自分たちはもう頭に入ってるのに、何回もやらされた」って言ってましたね。「またやるのかよって思った」って。アドリブでやってるのかと思ったら、きっちり一語一句間違わないように。何回も同じことをやって覚えるって言ってましたよ、本番までに。台本は木曜日にでき上がってきたって言ってたかな。だから木金土と練習して、みたいな。3日間集中してやるらしいですけどね。「何回もやるから間違えるはずないんだよ」って言ってました。プレッシャーもなかったと思います。仲本さんって性格的にプレッシャーを感じる人ではなくて、やらなければいけないという使命感のほうが強かったと思いますね。

第二章

仲本工事という人

志村、頑張ってた

仲本さん、都立青山高校を卒業して学習院大学に入るんですが、体操部が大学になかったので音楽をやろうと思ったそうです。ギターを内緒でお母さんに買ってもらって、なんとかっていうライブハウスに出て。『遠くへ行きたい』って歌あったでしょう。あれを歌っていたジェリー藤尾さんがやってたバンドです。そこで歌ったり、譜面を書いたり、なんだかんだってやってたときに「ドリフターズっていうのをやるから」って高木ブーさんに誘われて。写真がいっぱいあるんですよ。必ずいるのが仲本さんと高木さん、いかりやさん、加藤茶さん。あと全然知らない人、見たことないような人、そんな写真がいっぱいあるんです。散逸しないように私が管財人から全部買い取ったから私の手元にあります。だって人に取られるのは嫌だもん、仲本さんのもの。管財人も、後片付けとかしなくてよかったメリットがあるんですよ、後片付けは全部私にかぶってきたから。私は仲本さんのものを勝手に捨てられるのが嫌だったから買ったんですよ。仲本さんのアルバムだったり、古いもの全部残ってるから。写真もいっぱいあります。

学習院に進んだのは、一緒に勉強していた人が学習院に行くって言うからって聞きました。それが最初の奥さんだったんじゃないかと思うんですけど。少なくとも女の人だと思うんですよね。一番最初に聞いたときには「うん、彼女が学習院に行くって言うから、俺も行こうと思ったんだよ」って言ってたのに、だいぶあとに聞くと、「いや、まあ友だちが行こうと言ったから」みたいな。奥さんなのか彼女なのか、最初聞いたときは女の人だったんですけど、あとで聞いたら違うことを言ったんですよね。私に悪いと思ってかどうか知らないけど。

ドリフといえば、私が知る前は荒井注さんが入っていましたよね。仲本さん、荒井注さんが抜けるときの話もしていました。荒井さんは「番組をやらせてあげるからドリフから抜けろ」って誰かに誘われたそうです。誘い通りにドリフを抜けたあと、番組の話がうまくいかなくなったらしくて。「荒井さんは行ってしまったあとがうまくいかなかった」と話していました。荒井さんのあとに志村けんさんが入るんですが、「いかりやさんの家の前で志村がずっと待ってて、もう土下座して『ドリフに入れてくれ』って頼んだんだ」って言っていました。「入ったんだけどね、志村は（荒井さんとは）芸が違ったんだよ」とも言っていました。「最初はそれが不評でね」って。「だけど、あいつは天性のものを持っていて、頑張り屋だった」って。志村さんの目標っていうか、いつも気にしていた人はミスター・ビーンだったって言っていました。「あの芸をものすごく取り入れようとしたというか、志村、よくそうやって頑張っていろいろやってきたよな」って。

で、やっと「カラスの勝手でしょ」とかで人気が出て、みんなが志村、志村、志村になってきて。そうやって志村さんが人気者になってきたのが、加藤茶さんにとってはちょっと楽しくなかったみたい、っていうのは仲本さんから聞きました。仲本さんは中和役なんです。加藤茶さんがしゃべるときには後ろにいて、加藤さんにしゃべらせて自分は絶対にしゃべらない。頭で考えてはいても、口に出して悪口を言うとか、相手に何か言うとかはなかった。思ってても言わなかったことって仲本さんにはいっぱいあると思う。

説得したんだよ

でもたった一度だけ、仲本さんが自分の意見を出したことがあるんだって言っていました。加藤茶さんが『加トちゃんケンちゃんごきげんテレビ』（ＴＢＳ、１９８６～

1992）に出るのを渋っているときに加藤さんを説得したんだと。仲本さんの性格を考えると、そうやって人を説得するって、ほんとすごく珍しいんです。「出なかったら加トちゃんがだめになると思った」って。「今、絶対にやらないと加トちゃんだめになるよって。絶対やったほうがいいって説得した」って言ってましたね。

口に出して言わないけど何もかもわかってるっていうか、タバコを吸いながら人を見てるっていうか。加藤茶さんを説得したんだよっていうのは何回も言っていました。仲が悪いとかじゃないと思うけど、やりにくさがあったんじゃないかなあ。志村さんにもそういうやりにくさがあるから、自分が番組いっぱい持つようになっても加藤さんも仲本さんもゲストに呼んだことないでしょ。でも、志村さんが亡くなるちょっと前、「もう1回コントがやりたい」って志村さんが言い始めて、寝台車コントをやったんですよ。仲本さんと高木さんと加藤さんと志村さんで。

収録はフジテレビのスタジオでした。志村さんの番組、2017年3月の『志村けんのだいじょうぶだぁドリフみんな大集合スペシャル』です。私、生まれて初めてドリフのコントを目の前で見ました。最初で最後です。高知の人間にとって、ドリフは舞台を見に行くものじゃなくてテレビで見るものでしたから。ドリフのコントを見て、やっぱり裏がわかるじゃないですか。スタッフが周りにいて、大勢いる中でセットを作って。それを見たら、「おお、こういうふうに作ってたんだ」って。

感動しました。面白かった。前にもやったコントだったらしいです。同じコント。同じコントをもう一回やろうって。いきなり志村さんがねえ、「みんなでやろう」って言い始めたらしいんですよね。仲本さんが「なんか志村が、ドリフでやりたいって言ってるからなあ」って言って、「ええ⁉ 珍しいねえ」って。仲本さん、「志村が言ってるらしいんだよなあ」って。私が「それ、珍しくない？」って聞いたら「珍しいよな」って。仲本さんは淡々と。嫌がるわけでもなく。でもうれしかったんじゃないかな、本音は。久しぶりにコントができるっていうので。寝台車があって、下に女の子のゲストがいて、カーテン開けたり閉めたりして、行ったり来たりして。そこに加藤茶さんのツッコミと、志村さんの軽快な動きと、仲本さんの本能的な動きと、高木さんの動きが鈍いところの、みんながボケ、ツッコミみたいな。その、人それぞれの作る役割っていうのが、すごいよね、ドリフってこうやったよねっていう感じで……。

ドリフのステージには私も出してもらったんですよ。もうドリフではなく「こぶ茶バンド」でしたが。最後は加藤茶さんを中心に、高木ブーさん、仲本さん、私でババンババンバンで終わるみたいな。私、「いつもテレビの画面で見てたのを、私も一緒に並んでやってる。ええーっ、すごい」って思いながらやらせてもらいました。それ、実は加藤さんの優しさなんです。仲本さんに気を使ったのかな。「デビュー曲、歌っていいよ」って言われて。桑マンがラッパ吹いてくれて。桑野信義さん、ラッツ&スターのメンバー。トランペット吹く人。あの人が入ってくれて、生バンドでねえ、歌わせてもらったりしましたもん。私ぐらいじゃないかな。ドリフターズと一緒にその、最後に歌わせてもらえるなんて。舞台に出てるメンバーはいても、ゲストで出てメインで歌わせてもらったのは私しかいないと思います。私がラッキーというか、仲本さんのおかげでね、いっぱい、ほかの人には味わえないことを味あわせてもらったなあ。

給料は月40万円

仲本さんの苦労は、人にだまされたり、仕事関係でもなかなかうまくいかなかったことじゃないかな。いかりやさんが亡くなってからはドリフの仕事が少なくなったし。加藤茶さんが中心になっていたこぶ茶バンドの仕事も少なくなってきた感じで、だから晩年は仕事がほとんどなかったんです。特に2020年初め、新型コロナウイルスが影響し始めてからは。

舞台もほとんどなくなってたし、雑誌の仕事がもう何カ月に1回かあるぐらいだし。ラジオもたまに私が出るときに「俺が一緒に出てあげるよ」って言って出てくれるくらいで……。

歌の仕事をするのが一番楽しかったんじゃないかな、仲本さんは。歌うことが大好きだった。「1曲歌って」って言ったらマイク離さないぐらい何曲も続けて歌う人ですからね。でも、嫌って思ったら絶対に歌わない。嫌なお客さんの前でとか、嫌な人の前では「俺は嫌だよ」って言って、絶対歌うような人ではなかった。

ドリフが人気絶頂のとき、加藤茶さんと志村さんがいっぱいお給料もらってたらしいんですよ。仲本さんはそれほどもらってなかったんです。高木ブーさんもあんまりもらってなくて、高木さんがいかりやさんに「給料上げてくれ」って言いに行ったら、こう言われたそうです。「お前のね、給料を上げると、ほかのメンバーの給料を下げなきゃいけないんだぞ」って。高木さん、「そうですか」って引き下がってきたそうです。そんなことを仲本さん言ってましたね。「俺も給料もらってなくて、最初のころは月40万だったよ」とも言っていました。それを晩年になって加藤茶さんに言ったら「おまえ、そうだったのか」って驚いて。「それなら言えよ」って。「俺なんかめちゃくちゃもらってたぞ」って。だから、ドリフでいい思いしてないっていうのはそんなところじゃないかな。

あとになったらもうちょっともらったと思うけど。給料の差がかなりあったみたい。それにね、加藤茶さんはちゃんとものを言える人だし、頭で考えてどれだけもうかってるとかわかる人だし。仲本さんは言えない人だったんです。

できていた婚姻届

でもね、亡くなった最初の奥さんがものすごく賢い人で、仲本さんの給料でマンションを経営して、別荘も軽井沢につくって、馬も買って、「コウちゃんがドリフターズ辞めても食べていけるぐらいのことを私はやってるから、いつ辞めてもいいよ」って言ってくれていたそうです。その奥さんがねえ、グアムに行ったときに、風邪をひいて。帰りの飛行機の中でせき込みすぎて呼吸困難になって。今考えたら「なんで救急車、呼ばなかったの?」って聞いたんだけど、仲本さんが自分の車に乗せて、運転して。でも高速が混んでて、「どいてくれ、どいてくれ」「寄ってくれ、寄ってくれ」って、ほかの車の誘導までして、高速を少しずつ前へ進んで。やっと病院に着いたときにはもうほとんど息ができなくなっていたそうです。その奥さんが亡くなって仲本さんの人生、変わったんじゃないかな。仲本さんが42歳のときです。厄年ですよね。一つ年上の奥さんだったらしいけど。

その奥さんの話を聞くとね、いい奥さんだったんだろうなって思うんです。私、最初はその奥さんの話をされるのが嫌だった。仲本さんの友だちの中に最初の奥さんの話をいっぱいする人がいたんですよ。話をいっぱい聞かされたときに、ほんと素晴らしい奥さんだなって思ったときに、私はその奥さんにやきもちを焼くんじゃなくて、本当に大事な人を仲本さん亡くしたんだなっていう思いに変わってきて。ハワイアンを歌っていた歌手だったらしいんですけど、仲本さんとの結婚を機に一切歌を歌わなくなって。仲本さん、「俺、歌を1回も聞いたことないんだよ」って言っていました。すごい徹底してるな、素晴らしい奥さんだったんだなって思います。

仲本さん、今はもうご両親と最初の奥さんと一緒にお墓に入っています。私、仲本さんと結婚式をしたあとにすぐ籍を入れるはずだったんです。うちの両親も結婚式に出てるわけだから、私もすぐ籍に入るもんだと思ってるじゃないですか。ドリフが所属するイザワオフィスの社長とうちのお父さんに婚姻届の保証人の欄へ署名してもらってて、あとは自分たちがサインするだけだったんです。仲本さんが急に「籍入れなくてもいいじゃないか」って言い始めて。「自分には借金がある。純歌に迷惑がかかるから籍は入れないほうがいいんだ」って、籍は入れないままでした。本人同士だけがサインしていない婚姻届が今もどこか探せばあるはずです。捨ててはいないので。

原因はお墓のこと？

今考えると、仲本さんが急に変わったのはお墓のことがあるかもしれない。私、けっこう言ったんですよ。お墓にね、「前の奥さんと一緒に入るのは嫌」と。「お墓買い直そうよ、別々で」って。

「(今のお墓に)一緒に入るん？」って言ったときから急に仲本さんが入籍の話をしなく

なった。仲本さんに借金があったことも籍を入れなかった理由かもしれないけど、お墓のこともあったかもしれない。仲本さん、お墓を建てるお金なんてないと思ったのかな。最初の奥さんと一緒に入りたかったのかな。

私、お墓のことなんか言わなきゃよかった。死んだあとのことなんか関係ないのに。でも、たとえお墓とはいえ、最初の奥さんと私と一緒にっていうのは仲本さんが板挟みになるじゃないですか。死後の世界がどんなものかわからないけど、やっぱりちょっと嫌な気がして。今の年になったらそうでもないけど、あのときはそれがすごく気になって。

あれだけ仲本さん、私のこと一生懸命やってくれたのに、籍だけは入れなかった。「事実婚なんだから。別に籍に入ってなくっても、事実婚なんだよ」って言ってた、ずっと。結婚して少ししたとき、「ねえねえ、事実婚でもいいけど、私、死んだらどこのお墓に入るん?」って聞いたことがあって。そしたら、「それは○○の墓じゃないか」って当たり前のように言われたときにショックを受けたんですよね。「ええっ!?」って。「仲本さんって私と一緒にいるから私に一生懸命してくれてるけど、私じゃなくてもよかったのかな」っていうふうな。

○○というのは戸籍上の私の姓です。あとで触れますが、私の人生はちょっと複雑で、だから普通の人よりも家族とかお墓とかにこだわったのかもしれない。生まれてすぐに籍が違うとこに入って、何回か籍抜かれて、育ての親や今でいう託児所経営の夫婦がいたけど、結局はどちらも自分の実の親じゃない。どこに行っても実の親とか親戚とかじゃないわけですよ、私にとったら。「仲本さんが旦那さんだ」っていうその紙切れがあったら、自分の中で、「この人が私の夫。最後まで添い遂げる人」って思えるじゃないですか。「事実婚でいいじゃないか」とか、「〇〇家だろう」って言われたら、すごく寂しくなって、「私の人生って何なん?」って。生まれたときから籍のことには縁がないのかなあ、肉親にも縁がないのかなあって。すごく寂しかった。

籍入れなくていいの?

そんなこと仲本さんには言ってない。私も意地っ張りなところがあって、「だったらいいよ」って。うらやましかった部分もあったよね、加藤茶さん夫婦が。加藤さんが妻の彩菜ちゃんのことを一生懸命やって、芸能界であやって活躍させて、事務所にも入らせてあげて。片や私は「事務所には入るな」って言われて、籍にも入れてくれず。でもそんなことを口に出したことは一回もない、心に思ってても。誰にも言ったことがなかった。仲本さん、優しい人なんだけどね。本当に優しかった。私のことに一生懸命。私が中心だった。すべてにおいて。「籍なんか関係ない」って自分でも何回も言ったことあるのに、私、籍が何か気になって。「籍入れなくていいの?」って。でもいつも「借金があるじゃないか」って言ってました。

私、亡くなる少し前にも聞いたんですよ。私たちをバッシングする『週刊新潮』が出た次の日か翌々日だったと思います。「ねえ仲本さん、もう何回も聞いてきたけど、私を籍に入れなかった理由は一体なに?」って。そのとき、なんて言ったと思います?「純歌のCDが売れたときに困るじゃないか」って言ったんですよ。「ええっ!?」って。「そりゃないでしょ」って。「なんで?」って聞いたら、「だって印税とかそんな部分を」って。「借金があるからって言ってたじゃん。それが理由じゃなかったん?」って言ったんですよ。「でもCDが売れたら困るじゃないか」って言ってね。何を言うのこの人って思って。困るわけないよね。この人、おかしくなったんかなって思った。

「ちがうじゃん、そんなこと言ってなかった」って私言ったんですけど。最後に言ったのはそれ。木曜日に『週刊新潮』が出て、亡くなったのが火曜日なんですよ。5日後か。金曜日ぐらいに言ったんじゃないかな、土曜日か、それぐらいに聞いた。冗談を言うような人じゃないんですよ。冗談とかは言ったことがない。「嘘だよそれ冗談だよ」ってことをしゃべる人じゃなかったから驚いたんです。「CD売れるわけないじゃん」って仲本さんに言って。「どうやったら売れるのよ。自費制作で」って。芸能界、事務所に入るなって言ってね、自費制作させてるくせして、「どうやったら売れるのよ」って。

私のその、いい時代。30代半ばぐらいからずっと、今の年になるまで女である時代を、ずっとつぎ込んできて、もしこのまま私が60歳になって、誰にも相手にされなくなってしまって、仲本さんが死んで、誰も横にいなかったら。私、何にもなくなって、相手もいなくて、独り身のまま死んでいくんだなって思いましたよね。

靴屋と駄菓子屋

大学を出るとき、仲本さん、お役所みたいなところに受かってたらしいんですよ。そこで働くっていう寸前に、いかりやさんから「ドリフターズをやってくれ」って言われて。いかりやさん、仲本さんのお父さんに頭を下げに行ってくれたそうです。仲本さん、よく言ってました。「いかりやさんの怖い顔に親父が負けたんだ」って。「この子、絶対に一生懸命ドリフターズで、旗揚げて、一生懸命やらすので、どうかドリフターズに入らせてあげてください」みたいなことをいかりやさんが言って。頭を下げてくれて。仲本さんのお父さんも、ちょっといかりやさん似らしいですけど、お父さんが折れてくれた。

頑固な、沖縄出身の、口数の少ないお父さんだったらしくて。「その親父が『うんと言ったから』って。びっくりしたよ」って。沖縄出身です。両親ともにやんばるですね。「子どものころは鍵っ子だったから。おふくろも親父も働いてたんだよ」って言っていました。お父さんは靴を作っていて、お母さんは駄菓子屋をやっていたって。「夏休みは自分が手伝いに行ってたけど、子どもたちを集めておふくろはねえ、駄菓子売ってたんだよね」って。「ええ！ マジで？」って。「知らなかったなあ」とか言って。「そうなんだよ」って。お父さんはあまり口をきくような感じじゃない人で、ご飯よりちょっと遅い時間ぐらいにお父さんとお母さんが帰ってきて。「それからご飯なの？」って聞いたら「そうそう」って。「でも、ご飯食べたらもう自分の部屋に行くような感じで、親父ともあんまり口きいたことないんだよね」って。

　中学、高校と体操部だったから、体操ばかりして。「中学と高校の6年間、豆腐チャンプルー弁当しか食ってない」って言ってました。お母さんのお弁当のおかずが豆腐チャンプルーばかりだったって。仲本さん、ゴーヤは苦手なんですよね。「豆腐で体操できたの?」って聞いたら、「そうだよ」って。「豆腐ってけっこう体にいいんだね」っていう話もしたんですけど。「ご飯の上にかけて食べるんだ」って言っていました。だから、冷奴を見たら必ず「これ、ご飯の上にのせて食べたらおいしいんだよ」って言って醤油をかけて食べていましたね。「おいしいじゃん。簡単においしく食べられるだろう」って。仲本さんって粗食で、ぜいたくなものを食べたいっていうような人ではなかった。

　超粗食です。ご飯なんかも、お茶漬けがしたいって言ったら普通はお茶じゃないですか。「お湯でいいよ」って言うんですよ。「どうすんの?」って聞いたら、お湯ごはん。お母さんの駄菓子屋は恵比寿でやっていたと思います。お父さんの靴屋にもお母さんが手伝いに行っていて。靴ができたらお母さんがずーっと遠いところまで歩いてお客さんに届けに行ってたんですって。注文をもらって作った靴を、きれいに箱に入れて、注文した人のところまで届ける。ものすごい距離をお母さん歩いていたらしいです。

お父さんの靴屋は、会社というか、個人でやっていたみたい。いわばお父さんは靴職人ですよね。大学に入るとき、履歴書を書くじゃないですか。学習院大学に入る人たちって社長の子どもだったりしてお家柄がいい人ばかり。仲本さん、自分は履歴書になんて書こうかなと思ったそうです。「そうだ、靴商って書こう」と思って。で、靴商って書いたら受かった。「靴商って書いたらね、通ったんだよ。靴商ってあんのかな」ってよく笑ってましたけど。

タバコ吸わせてあげて

お母さんはかわいい顔してましたね。私が最初に会ったときにはもう80歳ぐらいだったのかな。ものすごく「この子、この子」って仲本さんのことを気にして。「この子をよろしくお願いします」って言って、頭下げて、楽屋を回っていました。自分の息子はもう年なのに、「この子をよろしくお願いします」って。まるで新人のように。仲本さんって、もう偉くなって、レジェンドとして扱われている存在なのに、みんなに「この子をよろしくお願いします」って。

一つ笑えるのが、あまりにも仲本さんがタバコ吸うから私が「もうやめさせる」って言ったんですよ。お母さんも私に「純歌さん、あれだけタバコ吸ったら体によくないからやめさせてよ」って言ってきて。「そうでしょう」って。で、仲本さんに「今日からもう吸わないでよ」って言ったら、「わかった」って吸わなかったの。

そしたら、家でね、ぼーっとしているんですって。1週間くらいしたらお母さんから電話がかかってきて、「純歌さん。お願いだからタバコ吸わせてあげて」って。「お母さんもやめさせてって言ったのに」と思いながら、「え、どうしたんですか?」って聞いたら、「あの子ね。ぼうっとしてね。もうずっとぼーっとしてるからね、あのままほっといたらね、犯罪に走る」って言ったんですよ。「走るわけないじゃん」って（笑）。でもお母さんは「悪いことしたら困るから」って。お母さんってかわいいと思って、「そんなこと大丈夫よ、お母さん、そんなことしないよ、仲本さん」って。「でもお願いだから。もう、鬱になってもいけないし、吸わせてあげて」って。

なんか私が悪かったみたいに言われて。かわいいなと思いながら。そこからまた仲本さん、タバコを吸うようになりました。禁煙したのは1週間だけ。あとにも先にも。でも禁煙するって偉いですよね。陰でこっそり吸ったりするような人じゃないんで。本当に禁煙していました。言われたら絶対に守る人なんで。

木の妖精が見えた

お母さんは仲本さん命でした。お母さんも本当に不思議な人でね、いろんなものが、たとえば子どものころから木の妖精が見えたりしていたらしくて。いっぱい自分で絵を描いてね。相田みつをさんみたいな絵と文をお母さんが創ったのを、私、本にしたんですよ。お母さんに誕生日プレゼントとして作ってあげたんですけど。

お母さんが絵を描いて。たとえばカエルがいつも来て、餌をあげてたら、翌年、子どもを連れてきたって。同じカエルらしいんですよね。だからそのカエルの絵を描いたりして。このカエルはどうのこうのって書いて、カエルの絵をいっぱい描いて。その本、1冊は私の家にあります。

「木の妖精が見えた」ってお母さん言ってました。「ちっちゃい妖精で、羽が生えて、木のところにいた」って。「木の精がいるんだよね」ってお母さんが言うから、私は「気のせいじゃない？」ってお母さんに言おうと思ったけど（笑）、とても言えなかった。

仲本さんはあんまりおふくろおふくろって言わなかったですよね。やっぱりその、溺愛されすぎると、当たり前みたいになってくるんじゃないかな。

私、仲本さんのこと聞かれたらなんでもわかるっていうくらい一緒にいましたね。仕事も一緒にしたし、趣味も一緒だし、どこに行くにも一緒に行った。ほかの人は知らないようなことまで知ってるのは、やっぱり私しかいないんだろうなと思います。加藤さんとか、ほかのメンバーとはそんな話をしないし、それほど親しい友だちもいないし、「こうだったんだよ、ああだったんだよ」って言うのは私しか聞いてないんじゃないかな。

大学ではバンドばっかりしてたって言っていました。ドリフに行ってよかったとか、行かないほうがよかったとか、そんなことは全然言ってなかった。役所のほうに行ってたらよかったとも言わないし。「俺、普通に役所を受かって、学習院からそこにもう就職っていう寸前だったんだ」って。それだけ。役所に入ったら真面目にやったでしょうね。コツコツとやる人だし、真面目だからな、仕事の面にしても。

仲本工事に変身ボタン

体のどこかにボタンスイッチがあってね、ピッと押したら仲本工事に変身してた。仕事になったらなんでこんなに違うの？　これが仲本さんなんだなって。普段はほぼほぼ何もしない。何が見たいとか、何が食べたいとか、全くそんなことを言わない人。私が「〇〇したい」って言ったら何もかも私に合わせてくれる人。

台本を読む姿なんて見たことない。というか、私に見せたことがない。私と飲み回って、パチンコ行ったり、マージャンしたりしてるのに、舞台になったら「はあーっ」って感心するくらい完璧にする人でしたね。あるとき「いつ台本見てるの？」って聞いたら「純歌が寝てる間だよ」って。天童よしみさんの舞台でやった長ぜりふも、全然台本見てる姿を見せないのに完璧。仲本工事に変身したときはほんとすごかった。

家にいるとオーラのかけらもないけど、舞台やテレビでは別人でしたからねえ。「切り換えのスイッチがあるんじゃない？」って聞いたこともありました。

見ていないようで人のこともよく見ていましたね。舞台の上でも、相手の俳優さんや女優さんをじっと観察していました。相手のせりふまで全部覚えていましたし。あの人がこうくるんだったら自分はこう動くとか、天性の感覚がありましたね。頭がいい。本当に頭がいい。たぶんねえ、頭が悪い人ってすぐに怒ったり、ワーッと言ったりするんじゃないかなあ。頭がいい人は黙って見てる。

俺が温めるから

イベントとか舞台に仲本さんと2人で呼ばれることが多かったんですが、仲本さんって「最初に俺が出ていく」って必ず言うんです。「俺が温めるから」って。どう考えても私のほうが前座なんですよ。でも自分がまず出ていく人。ギター一本持っていって、ダラーンで始めて、「上をむーいて」とか。坂本九さんの曲が多かったな。それから英語の曲を何曲かやって、リクエスト聞いて、ババンババンってやって。私を呼び出すときの曲はテネシーワルツ。1番の半分くらいまで歌って、「はい、純歌さんですー」って言われて歌いながら出ていく。

１曲目は何でいくとか、絶対に決めない人だった。バックバンドに「Ｇで」とか、「Ｆで」って言って仲本さんが歌い始める。何の曲をやるかわからないから、バックバンドも身構えてないといけない。みんなピリピリする。そうやって一体になるのを楽しんでいるような人でした。

進行表やセットリストも作らない人でしたねえ。私と仲本さんのバースデーライブとかも、当たり前のように何をやるか考えてなくて。司会のアントニオ小猪木さんが「一曲目、何歌いますか」って聞いても「決めてないよ」って。ゲストで呼んだ人が「どこから入ったらいいですか」と聞いたら「言うから」って。だからゲストの人もずっと見ていなきゃいけない。音合わせだけしておいて、「じゃあ、ここで」って感じ。それを楽しんでいました。

タバコは１日４箱

仲本さん、以前はドラマにもよく出ていました。ドラマの収録に私がついていくことも多かったですね。ドラマが放映されるときはテレビの前で「今から始まるよ」って声かけて。仲本さんは「出るから見てよ」みたいな感じは全くなかった。「仲本さんもう始まるじゃん」って私が言って、仲本さんは「じゃあつけといて」って。で、黙って見てる。仲本さんは何も言わず見ていて、仲本さんが登場したら私一人が「おお、出た出た出た出た出た」みたいな感じで騒いで……。

お店をやってるころはみんなで見ました。お客さんとみんなで。「今からちょっと仲本さん出ますからね」みたいに言って。本人は黙って、何を言うこともなく。周りがいろいろ言ってくれるから本人は言わなくていいんですよね。仲本さんぐらいになったら自分で「見てくれよ」とか「よかっただろう」とか言わなくても、見た人たちが言ってくれる。だから、黙ってるだけですよね。

「やっぱ仲本さんすごいっすよねえ」って言われたら、黙って笑ってタバコ吸ってるみたいな。タバコは1日4箱。吸い殻がすぐ山盛になっちゃって。私、もうタバコ吸わないと仲本さんと一緒にいられないと思って、とうとう私も吸い始めて。仲本さん、何回も消してはつけ、消してはつけっていう感じのチェーンスモーカーだったんで、私も同じようになりました。仲本さんと私、そっくりだったんで。ものの考え方とか、いろんなことが。結局私も仲本さんも苦労を苦労と思わない人で、目の前に起こった出来事を頑張ってやっていくっていう。だからお互い苦労してるよねっていう思いは全くなかった。

銘柄は「中南海」

タバコはね、最初の奥さんに言われたらしいんです。「朝起きたときに口がさっぱりするから吸ったらいいよ」って。それ聞いたとき、「歯を磨けば」って言ったんです、私。「起きて歯を磨いたらいいじゃん」って。

でも肺はきれいなんですよ。私もそうなんですけど、吹かしてるだけなんです。あんまり吸わない、吸い込まないですよね。なんかこう、もわっもわって出すタイプ。

私、最初はもう煙くてねえ、「もわって出すぐらいだったら、思いっきり肺に吸い込んで外に出さないで！」って言ったぐらい。「周りが迷惑、ある意味公害」って言ってたぐらい口に吸い込んでは、吸い込まずにもわっもわって口から出して。

吸ってないからないくらでも吸えるんですよね。でも周りはたまったもんじゃないって文句言って。最初のうちはそう言ってたけど、もうこれじゃ一緒にいられないと思って。

私も吸うようになったら、まあ私もだんだんと似てきて、すごいヘビースモーカーになってしまった。

たばこの銘柄にはこだわってました。「中南海」です。中南海って中国のたばこがあるんですよ。「甘草エキスが入ってるからこれはのどにいいんだよ」って。「体にいいタバコなんだよ」って言って。「へえー」って。「そんな、体にいいたばこがあるわけないじゃん」って。「全くそんなことばっかり言って」って私はいつも言ってました。

ものへの執着がない

中南海って売ってないところが多いんですよ。そうするとしょうがないからほかのタバコを探しますけど。タバコのほかは何にも執着しないですね。ものへのこだわりが全くないし、どこに行きたいとか、何を見たいとか、何を食べたいもない。食べ物の好き嫌いもないし。あ、どっちかっていうと煮物が好きじゃなかったかな。でも、私がお店をやるようになって、最初のうちは食べなかったけど、煮物とかも食べるようになりました。

「なんで煮物食べないの?」って言ったら、「食べたことがない」って言うんですよ。「そんなわけないじゃん」って。「煮物食べたことない人なんて見たことがない。お母さん作らなかったの?」って言ったら、「だって、おふくろは沖縄だからチャンプルーだろ」って。炒め物ですよね。「じゃあ前の奥さんも作らなかったの?」って言ったら「作らないよ」って。「じゃあ何を食べてたの?」って言ったら、最初の奥さんは、その奥さんのお母さんが料理を作ってて、あとの奥さんは出前とか、そんなのばっかりだったたって。

私になってからですよね。まあ料理作るし、なんだかんだって体にいいから食えとか飲めとか。散々体にいいからって言って、サプリであっても、食べ物であっても、「嫌だよ」って言っても、「いいから食べて」って。無理やり食べてましたね。

そうすると、耳年増でね、来たお客さんにね、どこそこの何なりで、これは何によくてこうしてこうなんだよってすごい熱弁振るうようになって。人の言ってることをちゃんと横で聞いてて、私と同じような説明をしてるんですよ。「おお、聞いてるやんけ」とか思って。後ろで私はにたにたしながらその話を聞いてましたけど。

健康おばんざい「仲本家」

２人で始めたお店の名前は「仲本家　ＪＵＮＫＡの台所」です。２０１５年秋、目黒区緑が丘の、ガレージに使っていた空き家を借りて始めました。

あとで説明しますが、結婚式を挙げたのが２０１２年の７月。その前くらいから仲本さんと一緒に近くのデザイナーズマンションに住んでいたんです。そこでよくパーティーを開いていたんですよ。何十人分の料理を私一人で作って、来た人にふるまって。いろんな芸能人の方が来てくれました。森口博子さん、角川博さん、おぼんこぼんさん、サンドウィッチマンの伊達さん、中山秀征さん、東てる美さん、渡部絵美さん、江藤潤さん……。誰かにね、「こんだけ料理できるんだから店出せよ」って言われてその気になって。銀座とか自由が丘で貸してくれるお店を探していたんです。

家の近くにペットショップの看板が出ている家があって、そこが空き店舗みたいだったので少し気になっていました。あるとき、その家の前で掃除をしているご婦人がいたんです。貸してもらえるかどうか聞いてみようとしたら、「いや、うちは違います。うちはここですから。うち全然関係ないです」って言われて。「そうですか」と言ったら「どうしたの?」って。「お店探してんの?」って。「そうなんです。ここ空いてたらなと思って」って言ったら、「うち、あるよ」と。

その人が、隣の空き家の持ち主だったんです。「いくらで貸してくれるんですか」って聞いたら、「いくらでもいいよ、そんなの」って。「敷金も礼金もいらないから」って。「向かいがうちの家だから」って言われて。私、自由が丘から歩いて帰る途中だったんで、その足で家に帰って仲本さんに「あそこの角のペットショップね、貸してくれるかなとか思って聞いたら、おばさんの人が『隣でやらんか』って。店、そこだったらやれるよ」って報告しました。仲本さんが「いいんじゃないか」と言うので、「ちょっと私、大家さんに聞いてくるね」って。「ちゃんとした話を聞いてくるね」って言って。大家さんとお金のことを話し合って、「10万円でいい」って言われて、「10万ならやっていけるかも」って思って借りることにしました。

車庫に使っていた家で、ボロッボロだったのを改装しました。友人たちが内装とか、全部やってくれたんですよ。できたお店が「仲本家　ＪＵＮＫＡの台所」です。私が料理を作って、従業員はその内装をやってくれた友人とか、ガス屋をクビになった友人とか、その人の彼女とか。仲本さんが「俺も働くよ」って言ったけど、仲本さんをそんなことに使うわけにはいけないと思って。あと、俳優の江藤潤さんが「雇ってくれない？」というので働いてもらいました。だから、ちっちゃいお店の割には従業員がたくさんいるお店になってしまった。売り物は「芸能人が働く店」と「健康おばんざい」。おばんざいはお惣菜のことです。素材を選んだ健康的なお料理を作っていました。定番メニューはギョウザ、焼き鳥、シジミラーメン、カレーですね。

わかりました、15万円で

当初は仲本工事のお店ということで話題になって、お客さんがたくさん来てくれたんですよ。住宅地の、遠いところにもかかわらず。これじゃお客さんが入り切らないってことで、2階もお店にしようってことになって。ボロボロだった2階の畳を全部はがしてきれいにしてお店にした。

それで1年くらいやっていて、あるとき従業員の人が「調べたら、隣のペットショップを持ってる人が名古屋の人だった」って言って。「手紙を書こうと思うので、書かせてくれないか。隣でスナックをやったらいいと思う」って言われたので、「そうよね」って。「老後になっても『仲本家』とスナックがあったら2階に住んでなんとかやっていけるもんね」って話をして。

名古屋にいる持ち主に連絡を取ったら、以前は代議士の秘書をしていた人で、「遺産相続でもらったけど、どうしようもなくって。どうしようかなと思っていたところだったんですよ」と。「もう好きに使ってください」って言われて。「家賃はどれぐらいですかね、僕よくわからないんですけど」って言うので、「これぐらいの広さなら15万ぐらいですかね」って私が言ったら、「わかりました。15万で」って。その人はほんとにいい人で、最後まで良好な関係でした。

元ペットショップを月15万円で借りてオープンさせたのがスナック「ピンクローズ」です。「仲本家」も、途中で家賃を「15万にしてください」って言われて月15万円払っていました。

ちょっと説明すると、ホームパーティーを開いていたマンションは「仲本家」とは道路を挟んだ場所です。家賃30万円の４ＬＤＫ。ホームパーティーを発展させた形で、マンションの向かい側に「仲本家」、その隣に「ピンクローズ」を開いたわけです。

健康おばんざいが売り物ですから、「仲本家」は素材にこだわりました。遠くまで買いに行くんです。仲本さんに「またかよ」って言われながら、「ねえねえ、今から茨城行きたいんだけど」みたいな感じで。千葉とか八王子とかいろいろ行きました。茨城の道の駅が一番よかったな。栃木、埼玉もまあまあよかった。「茨城に行きたい」って言ったら「遠いよ」って。でも行ってくれていました。

車の中ではたわいもない日常会話ですよね。「今度、私これやりたいんだけど」って言ったら「うん、わかった」とか。「私、こうこうしてこうしたいんだけど」って言ったら「うん、いいよ」って。だいたい「いいよ」で、だめって言われたことがない。「今度ほら、仲本さんのバースデーとか、私のバースデーとかあるじゃん」って。「今度誰々呼んで、ゲストにする?」って言ったら「いいよ」。「いいよ」ばっかりですよね。「ほら、こうしてこうしたらいいじゃん」「そうだね」。そんな感じですよね。たまにその、昔話をずっとしてみたりとか、「俺が若いときに」とか。なんか「こういうことがあったんだよな」とか。いっぱい話したなあ。

「仲本家」は半ば採算度外視でした。１人当たりの売り上げが３０００円くらいですから。

従業員に給料払ったらトントンぐらい。もうけることはほとんどない、みたいな。でも私は人が集まってくることが好きなんです。人が仲本さんに会いに来てくれることが好き。私も人が大好きだし、みんなが集まれる店になったらいいなと思って。変なもの出してもうけるとかよりも、おいしいものをみんなで「おいしいね」って食べられることのほうが大事だと思って。たくさん人が来てくれて、みんなが健康になっていってくれればいいなって思ってやっていました。

2人のお父さん

仲本さんのお父さんとお母さんの話に戻りますね。仲本さんが私にだけしゃべってくれたことがあるんです。仲本さんにはお父さんが2人いたんです。

仲本さんが大学に入るとき、お父さんがものすごい反対したそうです。そのときに初めてお母さんが実のお父さんの存在をしゃべってくれたと言っていました。「本当のお父さんじゃないんだよ」って。「もういいよ、好きにしたらいいよ、大学生になるんだから」って。「お父さんが嫌いだったら沖縄に帰ってもいいし、家を出ていいよ」って。お母さんにそう言われたんだって仲本さん言っていました。

お母さんは自分の死期がわかっていて、２０１１年の7月に亡くなったんですけど、4月ぐらいに呼ばれたんです。「純歌ちゃんに話がある。私ね、もう長くないと思うの。だから、遺言じゃないけど、もし私が死んだらあの子のへその緒と、おばあちゃんの形見の髪の毛を棺に入れてくれたら私はもう思い残すことがない」って。

おばあちゃんというのは、仲本さんのお母さんのおばあちゃん。おばあちゃんの黒髪はねえ、今でも忘れない。なんでこんなにきれいに残ってるのっていうぐらい真っ黒い黒髪でね、馬の毛のようなつやがあって。その髪の毛をね、「形見にもらったんよ」って。「その髪の毛を棺に入れてくれたらね、私は思い残すことがない」って。「純歌ちゃん、あの子に言っても無駄だから、純歌ちゃんに言っとく」って呼ばれて。そのときに「これもあげる、あれもあげる」って言って、仲本さんが30代くらいのときに買ってあげた指輪を、「いまだに本人に渡してないの」って。金の指輪にダイヤが入ってる指輪。ごっつい四角いやつあるじゃないですか、男の人がする金の指輪。「これをあの子に買ってあげたんだけどね、絶対に使わないと思っていまだに渡せずに置いてあるの」って。「それ純歌ちゃんにあげる」って言われて、形見にもらって。ほかにもいろんなものもらって、「純歌ちゃん、あの子のこと頼むね」って。お母さんがいたから仲本さんと一緒になりたいと思ったぐらい大好きだったんで。私、お母さんがいたから仲本さ子ども思いで……。自分が肉親に縁がなかったから、あれだけ子どものことを思い、思えるんだなあってすごく思って。

罰が当たったんだ

仲本さんを産んだあと、戦争になって、お母さんは仲本さんを連れて沖縄に帰っていたらしいんです。でも、「沖縄にいてはいけない」って思って、本土行きの船に乗り込んで。ところが航海中に敵の飛行機に襲われて、爆弾が船にボンボンボンボン落ちてくる。「そんなときにねえ、全然ねえ、食欲もわかなかったのがねえ、爆弾が落ち始めた瞬間にねえ、人間ってすごいよねえ、おなかがすくのよ」って。で、バクバクおにぎり食べたって。そのあと「ここにいてはいけない」と感じて逃げたら、お母さんがいたすぐ後ろに爆弾が落ちたって。そこにいたら死んでたって言っていました。本土に着いて東京の日本橋に住んでいたんだけど、夢のお告げで「ここにいたらいけない」って言われて。恵比寿に移った途端に日本橋が空襲で焼け野原になったたって言っていました。そういうのがわかる人だった。恵比寿の家にはねえ、ずっと白蛇がいたらしいです。

お母さんは最後、膀胱がんで亡くなりました。「膀胱がんの疑いがある」って地元の町医者さんに言われて、昭和医大病院へ連れて行ったんですよ。そしたら膀胱がんがわかって、「どれぐらい持つかわからんけど」って言われて。ステージが4とかぐらいだったんで。年齢から見て進行は遅いと言われたんですが、細胞が若かったんじゃないかな、あっという間に進行した。入院しているとき、お母さんに「純歌さん、ちょっとトイレに来て」って呼ばれて。行ったら血がいっぱい出てる。「なんか痛くもかゆくもないのに血が出るのよね。おかしいよね」って。「でもね、私ね、なんでかってわかるの。実はね、あの子がお父さんの子どもじゃないでしょ」って。「そのあと子どもができたら、あの子がかわいそうだと思って。自分が階段から落ちてけがをしたことにして入院して子宮を取ったの」って。「だから罰が当たったんだ」って。最後、亡くなるまでずっと言ってました。「私はね、自分の健康な体に傷をつけてしまったからね、罰が当たって病気になったんだ」って。お母さんは90歳で亡くなりました。

ジェリーさんに電話して

私、死ぬ人がわかるんですよ。直感でわかったり、色でわかったり。人が黒っぽく、影みたいに見えるんです。仲本さんにも何回も言ってきたけど、「あの人、死ぬよ」って。テレビを見ててもそうだし、街ゆく人でも知り合いでも、病気とかもわかるし。

ジェリー藤尾さんが亡くなる前もそうでした。仲本さんはもともと高木ブーさんと一緒にジェリーさんのバンドにいたんです。その後もお付き合いは続いていて、私も仲本さんともどもお世話になっていました。

「ねえねえ、ジェリー藤尾さんに電話して」

「なんで?」

「最後になると思うから、電話していろいろ話して」

仲本さんが電話してくれて、私も電話をかわってもらって「ジェリーさん、久しぶりです」って話をしました。ジェリー藤尾さんはお父さんが高知市薊野の出身なんです。私と電話で話しながら、こう言っていました。「高知っていうと懐かしいなあ、里が一緒だからなあ、また会おうな」って。

それから少ししてジェリーさんは亡くなりました。２０２１年8月でした。

仲本さんのお母さんが亡くなる日、夜中の2時にもお母さんの異変を感じたんです。夜中だけど、「仲本さん、お母さんとこへ行かなくちゃ」って急き立てて。私のそういうのは今まで見てきてるから、仲本さんも「わかった」って言って。それが２０１１年の7月14日だったかな。

仲本さんの誕生日が7月5日で、実は7月8日ぐらいに仲本さんのお母さんのところに行ったら、「コウキ（本名が仲本興喜）の誕生日を今年はどうした？」って言うから、「やれんかったのよ」って。「舞台があったからね。舞台ではねえ、ケーキ出してくれて祝ってくれたけど、ライブはできんかったのよ」って言ったら、「そうかあ」って。「お母さんもライブ来たかったのにねえ」って言ったら、「元気になったら、純歌さんとコウキのバースデーライブまた行きたいよ」って言われたんです。それがすごく頭にあって。確か7月13日にお母さんと3人で食べようと思ってバースデーケーキを用意したんですよ、お昼に。

で、お母さんのところに行こうと思ってたけど、バタバタしてて行けなかった。

病室の前で携帯が……

日付が変わった夜中の2時に「今から行かないといけない」って急に思って。「仲本さん、今から行かなくちゃ」って言って、バースデーケーキを手に持って急いで病院に行ったんですよ。で、お母さんの病室にあと一歩で入るときに私の携帯がプルルって鳴ったんです。こんな時間に何だろうと思って、病室の前で「もしもし」って出たら、「昭和医大ですけど、お母さんが危篤です」って。「今どちらですか」って言われて、「病室の前です」って。「えっ！」って。向こうもびっくりしてた。「そうだと思いました」って言って、ケーキを持ったまま病室に入って。

そのケーキを置いて、「お母さん、お母さん」って言ったらもう、もがきもがき苦しんで、こんなにいいお母さんが、なんでこんなに苦しい思いして死なないかんのやっていうぐらい苦しんで。モルヒネを打って。それでも「痛い、焼ける、痛い痛い」って。「胸が、肺が焼ける」って。のたうち回って。仲本さんと朝までそこにいて、モルヒネが効いてくるまでお母さんをさすってあげて。

その日、ラジオの収録だったんですよ、仲本さんと2人で。お母さん大丈夫かなって思いながらもやっぱり仕事が大事なんで、穴はあけられないんで、2人で収録に行って。「帰ってくるまで生きといてよ」って。帰ったら、待っていたかのように亡くなりました。今でも忘れられないけど、脈がどんどんどんどんなくなって、どんどん下がっていって、はーって最期に息を吐くじゃないですか、亡くなるとき。そのときにもう1回息をするかなって思ってるのに、仲本さんが目を閉じさせたんですよ。それでもう息をしなかった。「なんであそこで目を閉じさせたの？」って聞いたら、「なんとなく」みたいな。「目が開いてたから」とか言われて。仲本さんが最後にそうしたら、それっきり息をしなかった。

その日、お母さんと最後の夜を一緒に寝ようと思っていたのに、「純歌、送っていくよ」って言われて。「ええっ？」って言ったら、前の奥さんと子どもたちが来るから、みたいな。それで私、ショックを受けて。やっぱり子どもたちが大事なのかなとか思ったりして。寂しかったですね、あのときは。子どもたちが来るっていうことは親も来るってことですよね。前の奥さんを私と会わせたくなかったのもわかるんですけど。

仲本さんのお母さんは私たちの結婚式には出ないままですね、亡くなってしまったので。お母さんに「子どもたちが大学を卒業するまでは結婚式は我慢しなさい」って言われていたんですよ。「子どもたちがまだ学生のときはやめなさい」って。「教育が終わったら何をしてもいいから」って。だから、お母さんが亡くなった1年後に式を挙げました。

お母さんが亡くなったのが２０１１年7月で、結婚式は２０１２年の7月。仲本さんが70歳、私は44歳になっていました。

第三章

3人のお母さん

いらない子だったんだ

少し私の話に移りましょう。

２０２２年の秋に週刊誌で嘘八百を書きたてられて、その直後に仲本さんが交通事故で亡くなって、ほんと死のうと思いました。追い詰められていました。

そのとき、友人たちが支えてくれました。あとで詳しく書きますが、私を一人にしないように、私がこもっている「ピンクローズ」に泊りがけで来てくれて。物まねのりょう君や私と同じ高知出身のせんちゃん（タレントの千崎敏司さん）ら、芸能関係の人たちも駆けつけてくれました。たくさんの人が来てくれて、みんなが仲本さんの遺骨の前でご飯を食べて勇気づけてくれて。私を見守ってくれて。死のう、死のうと思いながら私が死ななかったのは友人たちのおかげです。

私、死のうと思ったのは2回目なんですよね。最初に死のうと思ったのは16歳のときです。「私、いらない子だったんだ」って思って、カミソリを手首に当てたんですよ。その瞬間、こんなことを思ったんです。

「待てよ、今死んだら『とんでもない子をもらった』『とんでもない子を産んだ』と思うに違いない。それはだめだ。『この子を育ててよかった』『この子を産んでよかった』と思わせないといけない。絶対、なにものかになってやるぞ」

私には生みの母と育ての母がいます。複雑なのは育ての母も一人ではないことです。生みの母がいると知ったのが16歳のときでした。育ての母が本当のお母さんではないとそのとき初めて知ったんです。生みの母に捨てられて、育ての母にはひどいことを言われて。「自分はいらない子だったんだ、もう死のう」って。

出生の秘密を知ったのは母のひとことがきっかけでした。

お母さん、養女って何？

育ての母は厳しい人でした。私を愛していないわけではなくて、いわばスパルタですね。すごく愛されていたんです。あったかいお弁当を中学校まで持って来てくれたり、雨が降ったら送り迎えしてくれたり。心が熱い人なので、厳しいのはしつけのつもりだったと思います。自分の思い通りにいかなかったら怒るというタイプでした。クラブというか、飲み屋を経営していて。超美人です。お母さんを超える美人はいまだかつて見たことがないくらいの美人で、シングルマザーでした。いや、土曜日だけパパが家に来ました。建設会社に勤めていた人です。「パパは忙しいから土曜日しか帰ってこないの」って言われていました。パパはいい人でした。ものすごく私をかわいがってくれました。

本名の純という名をつけてくれたのも育ての母です。今はいい名前だと思えるんですが、小さなときは男の子と間違われるので純という名前が嫌だった。最初に住んでいたのは高知市の南万々で、加賀野井、高須と転居しました。小学校は秦小から高須小に転校し、中学校は青柳中です。ストレスがたまっていたのか、中学、高校のころのお母さんはきつかった。夜、「行ってくるね」って店に行って、夜中にべろんべろんになって「おい、じゅんーっ」って帰ってきて。「おなかすいたーっ」とか「布団敷いてくれー」とか大騒ぎして。ほんと寝かせるのも大変で。興奮したお母さんが、「純は私の子どもじゃない」と叫んだことがあります。最初は冗談だと思いました。でもひょっとしたら本当かも、と思ったりして。実は伏線があって、小学校のとき、保険証に「養女」と書いてあったんです。「ねえねえお母さん、養女ってなに?」と聞きました。お母さんの答えは「それは長女のことだよ」

でした。同じころ、母の店にいてこんな会話を聞きました。産婦人科のお医者さんが店に来て、「あのときの子がこんなに大きくなったのか」って漏らしたんです。母が小さな声で「この子にはなんちゃあ言うちゃあせんき」と言うのが聞こえました。

安楽寺の裏の岩

ほのかな疑問があった上に、「私の子どもじゃない」と言われたので。悩んだ末、友だちに頼みました。実はこんな悩みがあるんよ、市役所についていってくれないかなって。16歳、高校1年のときでした。

戸籍謄本を請求すると、窓口のおばさんが言うんです。「どうしても必要なの?·今必要?·」って。「はいっ」て答えたら、「本当に?·」って。すごく言われるので、あ、本当のお母さんじゃないんだなと思ったんです。戸籍謄本をもらうと、そこに「養女」とありました。友人が「どうやった?　どうやった?·」ってのぞき込もうとしたので、謄本をさっと閉じて「違うかった。私の勘違いやった」って言ったんです。友人は「よかったやん、純」って。「よかったね」って。私、今にも涙が出そうだったから「私ここで帰るね」って言って。「ちょっと行くところがあるき」って友人と別れて。

友人と別れたあと、私はもう一人の育ての母のところに行きました。私は1歳のときから小学6年まで高知市愛宕町の夫婦に預けられていました。それがもう一人の育ての母です。私は川井のママと呼んでいました。ママもパパもいい人でした。私だけではなく、川井のパパとママは飲み屋街の子どもたちも預かっていました。彼らと私は兄弟姉妹のようにして育ちました。愛宕町と書きましたが、最初は越前町です。それから洞ヶ島《ほらがしま》、愛宕町と転居しました。私が最も記憶に残っているのは洞ヶ島時代で、近くにある安楽寺の裏の大きな岩が私たちの遊び場でした。当時、安楽寺は四国霊場第30番札所でした。現在は30番札所奥の院となっています。

洞ヶ島の家は平屋で、雨漏りがして、ヤモリがいて、柿の木があって。川井のママのところにいつも泊まっているのが私を含めて5、6人いて。楽しかったなあ。全然血はつながっていないのに、血がつながった兄弟みたいに育ちました。楽しかった。長いときは3カ月くらい川井のママのところに居続けていました。

何か知ったがかね？

戸籍を見てショックを受けたあと、私は歩いて愛宕町に向かいました。

市役所から愛宕町に歩きながら、私はこんなことをぐるぐる考えていました。「従姉妹も従姉妹じゃない。おばちゃんゆうた人も違う。おじいちゃんもおばあちゃんも違う」と。どうやって家に帰ったらえいがやろう、とも思いました。ぐるぐると考えているうちに涙がボロボロ出てきて。川井のママの顔を見るなり、ママの膝に顔をうずめてワンワン泣いたんです。そしたら「どうしたぞね」って。私の頭をなでながら、「どうしたぞね」「学校で何かあったかね、いじめられたかね」って。「違う」。「ほんならお母さんに怒られたがかね」。「違う」。「何があったか、言わんとわからん、純」と言われて。でもずっと泣き続けて。本当のことが言えなくて、ひたすら泣いたんです。1時間くらい泣いたあと、川井のママが言ったんです。「何か、知ったがかね」って。

瞬間、ぱっと涙が止まって。「川井のママ、知っちょったがや」って思ったら涙がピタッて止まって。「ママありがとう」って。「帰るね」って言って帰ったんです。家に帰って、私どうしたらえいろうってばっかり考えてましたよね。
うすうす感じていても、実際に戸籍で「養女」って見てしまうとショックは大きかった。やっぱり現実なんやって思って。ショックでした。

お母さんに会ってみたい

学校でもそのことばっかり考えていました。戸籍にお母さんの名前はあっても、また結婚したみたいになっていて、苗字が変わってるし。「お父さんは誰?」って思っても戸籍にお父さんの欄ないし。私を捨てた人に会うべきかどうかってずっと悩んで、でも声だけ聞きたいなって。いかん、やめようって思ったり、やっぱり本当のお母さんに会いたいって思ったり。

最初、住所から調べて、いたずら電話をかけたんです。

「もしもし川本(仮名)です」って相手の声が聞こえて。「これがお母さんの声や!」って思った瞬間にガチャって切って。それを何カ月か繰り返しました。毎日じゃなくて、1カ月に

1回とかです。次はしゃべってみたくなって。「すいません」って。私のお姉さんの名前も載ってたので、「美穂（仮名）さんいらっしゃいますか?」って。「いや、美穂はもう嫁いでいないんですよ」って言われて。「そうですか」と言って。「どちらさん?」って言われたので「いいです」って言って切って。ああ、お母さんとしゃべれたって思って。

それからしばらくして、今度は名乗りたくなったんです。きょうこそ学校から帰ったら電話して名乗ろう、と思って。「はい、川本です。どちらさん」って言われたので、「純です」って言ったんです。「じゅんさん?」「知らないですか?」「知りません」。「あなた、自分の産んだ子どもの名前も知らないんですか」って言ったら、「純ちゃん」って言われて。「知っちゅうやんか」って思って。それが17歳くらいのときかな。

純って名付けたのは育ての母なんです。でも生みの母も名前を知っていて。やっぱり母親やなと思ったのは、すぐに「何かあったんやろ?」って言われました。「何かがあったから電話かけてきたんやろ」って。「何があった?」って。

私、たぶん罵ったと思います。そのとき、育ての母からきついことを言われていたので。「何があったどころやない」くらいの勢いで。お母さんは「あなたのことはもうずっと忘れたことないよ」って言って。「どこの学校行ったかなと思って、もう気になって気になって」って。「あれからどれだけ私があなたに会いたかったか」って。「でも、養女に出したからね、会ってはいけない、会ってはいけないと思って、気持ちを押し殺してきたの」って言われて。そうやって電話で話してるうち、お母さんが「会おうか」って。「会ってみん？」って。私はこう答えました。

「わかりました。どうして私を渡さないいかんかったのか理由を聞かせてもらわないかんき」

高知大丸の前で会う約束して。私は先に行って待っていました。自転車で遠くから来ている人を見て、あれ、お母さんってわかったんです。「これが本当の血がつながってるってことか、遠くから見てもわかるわ」と思いながら喫茶店に行きました。お母さんも同じことを言っていました。

喫茶店の名はアラモアナ。今はもうないんですが、帯屋町のアーケードの中にあって。その1階で話をしました。私は「どうして子どもを預けたがです？」みたいな感じです。「なんで人にあげんといかんかったがですか？」って。たぶん、きつい言い方やった。「あなたが養女に出してくれなかったら、今のお母さんにも愛宕のママとパパにも会えなかったから、それはありがとうございました」って。

お母さんは最初から号泣です。大泣き。「もう私が泣かしゆうみたいやないですか、もう泣かんとってください」みたいなことも言って。お母さんは泣いて泣いて泣きながらこう言いました。「私はもうあんたが幸せになって、私が育てるよりもその人に育ててもらうほうがいいと思ったんよ」って。「幸せになっちゅうとばかり思いよった」って。

私は「本当のお母さんに育ててもらうほうがよかった」って言って。いろいろと私を人に渡した事情を聞かせてもらって。私は一滴の涙も流しませんでした。

涙の別れ、愛の結晶

事情はこうです。お母さんは女の子を一人産んだあとに離婚したんです。というより、お父さんが女をつくって出て行った。しかもめぼしい家財道具を持ち去って。残されたお母さんは呆然とします。「小さな子どもを抱えた女が生きていくためには夜の仕事しかなかった」そうです。高知で一番大きなキャバレー、「ツバキ」で働き始めます。女の人が何十人もいて、お客さんの指名がつかないとお給料にならないので大変だったそうです。そこでアルバイトをしていた高知大生とお母さんは親しくなります。お母さんと同い年で、岡山県出身で、絵が得意な人。お母さんが身ごもったのが私でした。

相手の将来を考え、身ごもったことを知らせないままお母さんはその高知大生と別れました。そして、愛の結晶である私を産もうと決めます。相手の人のことを、お母さんは「頭もよくて、思いやりがあって、本当に尊敬できる人だった」と話しています。「別れたくなくて、どんなにつらい思いで別れたことか。つらかった。今思い出してもつらい」と。産もうと決めたものの、お母さんに生活力はありません。悩んでいたとき、通っていた産婦人科の先生に言われたそうです。

お母さんはこう話しています。「産婦人科の先生が『もろうてくれる相手は裕福な人やき』って。『いい人だから、大事に育ててくれると思うから』って言われて、何カ月も説得された」って。その先生の言葉を信じ、生後1週間で私を渡したそうです。その産婦人科は高知市の上町にありましたが、今はもうなくなっています。

実の父親は、お母さんが身ごもったことも、もちろん私の存在も知らないまま岡山に帰ったそうです。フルネームがわかっているので、私は高知大の卒業生名簿から実の父を探そうとしたことがあります。でもわかりませんでした。実の父は、今も私の存在を知りません。

母親の出身地は高知市の北方にあった鏡村（現在は高知市と合併）の梅の木という集落

です。平家の落人が作った小さな集落で、おじいさんは村長をしていたそうです。お母さんは「俳優にしたいくらい男前。すごくきれいな顔立ちやった」と言っています。お母さんは小さいときに母親を亡くして、しばらくしてお父さんも亡くして、すごく苦労をしたそうです。

私を産んだあと、お母さんは別れた夫と再婚して娘を1人産みます。だから私にはお父さんが違う姉と妹がいます。再婚したのは、お母さんの体調が悪くなったからです。熱を出してたびたび倒れていたので、「もう自分は死ぬ。子ども一人を残して死ねないから、元の夫に託そう」って。再婚したあと、お母さんの体調は徐々によくなっていったそうです。

DNAってすごい

生みのお母さんと再会したあと、私はそのお母さんが恋しくなってしまって。電話をしたり、会いに行ったりしました。でもお父さんには私のことを話していないので……。電話しても「今お父さんがおるんよ」って切られたり、お父さんが仕事から帰ってくるまでの間にちらっと行くとか。行っても「お父さん帰ってきちゅうき、いかん」とか。今はお父さんにも話をして、普通に行き来しています。あとで説明しますが、高知市の「ひろめ市場」で私が始めた焼き鳥屋でお父さんやお母さん、妹が働いてくれたこともあるんです。もちろん育ての母とはずっと行き来していますす。仲もいいですよ。生みの母より育ての母と言いますが、その通りですね。私を捨てたお母さんよりも、育ててくれたお母さんの方が本当のお母さんに思えます。厳しかったけど、あのお母さんに育ててもらってよかった。育てのお母さんを尊敬できたのは、お母さんを大切にするところです。お母さんのお母さん、つまり私のおばあちゃんは高知市の日赤病院前で食堂をしていて、私をおんぶしているときに脳卒中の発作を起こして寝たきりになりました。日曜日になると、育ての母はいなりずしをたくさん作って祖母が入院している高知市朝倉の病院に行って、周りの人たちにそれを配っていました。祖母はそれをすごく喜んでいた。週刊誌にたたかれたときも、育てのお母さんとその親戚たちが「純、週刊誌のことなんて気にしたらいかん」って応援してくれて。心が熱いんです。

育ての母は48歳で結婚し、南国市で暮らしています。温かく育ててくれた川井のママを含め、私には母親が3人いるんです。

生みの母と育ての母は健在ですが、川井のママは2022年に亡くなりました。その年の8月、仲本さんと高知に帰って墓参りしたんです。お墓の前でオイオイ泣いている私を仲本さんがスマホで撮っていました。仲本さんが写真撮るのって珍しいんですが、なぜかそのときは撮っていました。

生みの母はよく言うんです。「血というのはすごい」って。「大丸の前で立っているのを遠くから見て、すぐに自分の子だってわかった。耳がそっくりだし、絵が得意なところは実のお父さんにそっくり」って。私、子どものときから絵が上手で、小学校のときは私のデッサンがみんなの手本になっていたんです。「みんなこんなに描きましょうね」みたいな。実のお父さんも絵が得意で、お母さんはよく絵を描いてもらったそうです。お母さんは「DNAというのはすごいね」って言っています。「一緒に生活していないのにこの子とは食べ物の好みが似ていたり、いろんな好みが一緒だったり。ほかの娘よりも私に似てる。道の駅に行きたいとか、山に行きたいとかも私にそっくり」って。

でも私は血のつながりなんてどうでもいいようにも思います。あの優しかった祖母が実の祖母じゃなかったと知ったときの衝撃は、本当につらかった。ほかの親戚とも血のつながりがないと知って、もう目の前は真っ暗ですよね。そんなとき、育てのお母さんの妹が来て「あんたは私の本当の姪だから。心配ないよ」と泣いて言われました。育ての母と結婚した南国のお父さんも、本当のお父さんのように私をかわいがってくれました。お父さんは私とお母さんを旅行に連れて行くのが趣味だったんです。お父さんは3年前に亡くなりました。愛宕のパパは、私のことをずっと気にしていたそうです。仲本さんと最初に会ったころかな、20年ちょっと前に高知の新阪急ホテルで400人のディナーパーティーをしたことがあるんですが、愛宕のパパはその直後に亡くなりました。「最後まで純の名前を言ってたよ」って聞いて。私、みんなに愛されていたんですね。

リラの歌手だった母

育ての母親は愛媛県宇和島市の出身で、もともとは歌手でした。芸名は淡路恵美です。東京に出て、力道山が経営するナイトクラブで歌っていたそうです。四国に戻ってからでしょうか、高知市に「リラ」という有名なキャバレーがあったんですが、その舞台で歌うようになりました。「リラ」と「ツバキ」が高知市のキャバレーの双璧だったようです。

フランク永井や松尾和子、マヒナスターズと一緒に歌ったとよく話しています。

歌手になる前、国民的歌手として人気を集めた松山恵子さん（1937-2006）と一緒に歌のコンクールに出たと言っていました。松山さんとは宇和島で一緒に音楽を習っていたそうです。お母さんの話はこうです。「私のおじいちゃんが高給取りで、おじいちゃんのバスに松山恵子さんを乗せてあげて一緒に松山のコンクールに行った」。松山まで出るだけでもお金がかかるので、「うちのおじいちゃんのバスで一緒に行かないか」って誘ったらしいんです。コンクールで優勝したのが松山恵子さんでした。そんな関係からでしょうか、松山さんと母親はずっと仲がよかったですよ。私も松山さんにはかわいがってもらって、同じステージで歌わせてもらったこともあります。

私、物心ついたときから歌っていました。初めて人前で歌ったのは3歳のときです。母親の誕生パーティーで、曲は美空ひばりさんの『越後獅子の唄』でした。育ての母親は私が2歳くらいのころから写真もよく撮ってくれていて、そのころからカメラを向けられるとカメラ目線でポーズを取る癖がついちゃいました。歌手になったからポーズを取っていたんじゃなくて、小さなときからそれが癖なんです。

高知県に昔、『歌って走ってキャラバンバンバン』という番組がありました。テレビ高知の看板番組で、視聴者参加の野外歌合戦です。小学校6年のときから私はそれに出ていました。6〜7回出てるんじゃないかな。でも地区大会の準優勝止まりだった。歌ったのは、小学校のときが『重いつばさ』で、中学が『聖母たちのララバイ』、高校で『立待岬』。19歳のときに『AL-MAUJ（アルマージ）』で準優勝しました。そのあと歌の先生についてボイストレーニングをして。北岡先生っていうめちゃめちゃ上手な先生で、そのおかげで声の幅が広がりました。

肺炎になって進路変更

高校を卒業したあと、育ての母は私を高知市中心部の理美容店に入れました。母親が通っていた理美容店です。理美容店で働きながら、月1回の割で高松市の理美容学校に通いました。

理美容店は、1階が理容、2階が美容とエステ。1階と2階を行ったり来たりしながら働きました。朝5時に出勤して、理美容の練習をして、朝8時から夜7時まで店で仕事をして、それからまた練習をして。お客さんのシャンプーは全部私がしていました。

2年ぐらいで辞めたんですが、辞めた理由は気管支炎でした。咳が止まらなくなって、病院に行ったら即入院。「肺炎です」って。肺炎が治っても咳が止まらなくて、気管支にカメラを入れても原因不明。そのうちにまた肺炎になって。そんなことを何回か繰り返して辞めました。2年やっていたので理美容のことは全部できますよ。

そこを辞めたあと、新聞を開くと「テレビリポーター募集」って載っていたんです。応募したら360人の中から選ばれました。でも半年で辞めました。お母さん、つまり育ての母に怒られたんです。仕事が不規則で、夜遅くなったりして、それを怒られて。県外に行って撮影したりしていましたからね、夜遅くなることも多くて。

リポーターを辞め、エステ店に勤め始めたときに結婚しました。22歳で長男が生まれ、しばらくは専業主婦でした。そんなときにポーラ化粧品が家へ営業に来て、化粧品を買わされて。しばらくしたら「ポーラで働きませんか」って言われて働くようになって。でも自分で買わなきゃいけないし、けっこう大変なんですよね。何年かやって辞めました。

専業主婦をやりながら、歌はずっと習っていました。景品欲しさにいろんな祭りに出て、優勝して。龍馬大祭というイベントにも出て、400人くらいの中で優勝してハワイに行ったこともあります。それが25歳くらいのときかな。ワイキキビーチの近くにあるホテルの特設ステージで、振り袖着て歌いました。それからセミプロみたいになって、いろんな催しで声がかかるようになって。バンドで歌ってくれとか、ボランティアで慰問に来てくれとか、いろんなことをしていました。

純歌という芸名を使い始めたのは27、28歳のころ。歌の先生がつけてくれました。

悪い女になってやる

自分が肉親に縁がなかったので、離婚なんて全く頭にありませんでした。ところが夫が暴力をふるうようになって。結局、私が家を飛び出して離婚しました。夫は実直な料理人だったんです。でもちょっと気に入らないことがあるとキレてしまって。暴力ふるって。勤めていた料理店がつぶれてスーパーの仕事に就いたストレスもあったと思います。

家を飛び出したあと、やけくそになったんです。自分の人生、こんなことばっかりだ。悪いことをやってやるって。私、何が悪いことかっていったら飲み屋で働くことが一番悪いことだって思っていたんです。飲み屋さんの面接に行ったら、私が歌を歌えることがわかって、「歌手として雇います」ってことになって。店の名前は「ル・コプラン」だったかな。高級店です。ママが「あなたは色が白くてサクラのようだから桜ちゃんっていう名前にする」って。桜ちゃんという名前を付けてくれて、めちゃめちゃかわいがってくれました。

悪い女になってやろうと思って夜の店に勤めたのに、歌手として雇ってくれて、気づいたら全部私を指名するお客さんばかりだったんですよ。私、くそ真面目というか、なんでも一生懸命やってしまうから。一生懸命やったら花が咲くっていうのかな。悪いこと全然ないじゃんって感じでした。

階段下まで行列

1年後、高知市議会議員の人とかに誘われて自分の店を持ちました。名前は「レ・アール」。28歳のときです。「ル・コプラン」のママは独立しちゃだめだなんて全然言わなくて、むしろ喜んでくれて。でも店の女の子たちが「桜ちゃんが店やるなら私も行く、私も行く」ってたくさん付いてきちゃった。「ル・コプラン」のママがお祝いを持って来てくれたんですけど、来てみたら自分のところで働いていた子がいっぱいいて。口には出さないけど、嫌だっただろうなあ。

育ての母にそこで働いてもらったんです。そうしたら大ママっていう名刺を勝手に作って。悪気はないんですが、仕切りたがるんです。その市議会議員の人に相談したら、「ここでもうけたお金を資金にして別の店を出そう」って言ってくれて。「レ・アール」でお母さんと従姉妹に働いてもらって、私は「レ・アール２」をつくったんです。そうしたらお客さんがやっぱり私についてくるんですよ。お母さんと従姉妹の店はお客さんが来なくなって、結局そっちはたたむことにしました。

そうなるとお母さんがまた「レ・アール２」に来て、仕切り始めちゃって。「もうこの店お母さんにあげるから。私は辞める」って言って辞めて。不動産屋に一人で行って、「敷金と礼金払えないんですけど、その代わり毎日１万５０００円置いていくからやらせてくれ」って言ったら「わかった」ってやらせてくれて。月15万円のところを45万円で借りるわけだから向こうも大喜びで。

お母さんにあげた店を辞めた次の日くらいから自分一人でやり始めました。店の名は

「マック」です。そのとき、自分としては何もかも捨てたわけですよ。1円ももらわず、全部お母さんにあげたし。体ひとつあれば何なんでもできると思ってたから、絶対に負けないぞって。

自分一人でやるにはどうしたらいいか。普通では面白くないな、と思って。女の子を募集するときに給料を上げて、水着パブをやったんですよ。水着っていってもいやらしくはなくて、ハワイのリゾートっていう感じ。パレオもあって、水着だけどいやらしくなくて。夏をイメージして来てくれたらいいというコンセプトで。

来たお客さんがみんな「いやらしいところかと思ったら全然違うね」って。楽しい店だから大人気だったんですよ。スナックの前は行列です。スナックで行列って、たぶん私が高知で初めてじゃないかな。階段下まで行列していましたから。

お客さんが入りきれなくなって、その隣に借りたんですよ。そこも入りきれなくなって、中央公園のすぐそばの家賃45万円のところに移りました。エレベーターを降りたらそのままお店。右に部屋があって、左に部屋とＶＩＰルームがあって、厨房も広くて。名前は「A.N.A.」です。全日空の人に怒られるけど、「A.N.A.」って名前で。そのお店をもっと何かしようと思って、右を国内線、左を国際線にしたんですよ。入って右にスチュワーデスのコスプレをした女の子とか置いて、1時間に1回、機内サービスをして。左はハワイを想定して水着の女の子を入れて。どちらも大行列でした。私が30歳のときだから1998年かな。コスプレなんて高知にまだなかった時代です。「のれん分けしてくれ」ってソープランドの社長が言ってきたこともありました。うちはそんなことせんって断ったら、ランジェリーパブを開きましたね。

小学生でイベント業?

その店は3年くらいやったかな。もうけました。もうけたお金で高知市の桟橋通りにマンション買って。観光名所になってるひろめ市場に焼き鳥屋も出したんですよ。名前は「焼き鳥屋黄門」。実のお母さんとお父さんと妹にやってもらいました。ほか、旭町のビルを4階まで全部借りて、1階が居酒屋で上がカラオケボックス。高知駅の北方にあるイオンショッピングセンターのすぐ西でも焼き鳥屋をやった。ひろめ市場と同じ名前、「焼き鳥屋黄門」です。全部成功しました。

人って、お金がないないって言うけど、楽しいところにはないお金を出してでも行きたいじゃないですか。どういうことをしたら人が楽しめるか、人のしないことをして楽しんでもらおう、というのが自分のモットーでした。先人というか、一番最初に考える人間になりたいと思っていて。人のやってることをまねするんじゃなくて、人がやらないところをやろうって。仲本家もそうなんです。「芸能人が働くお店」をコンセプトにして、江藤潤さんと仲本さんと私がいる。お手伝いにもお笑いの子とかアナウンサーの子がいる。住宅街に店をつくったんですが、住宅街の店でも絶対に人が来てくれると思ったんです。遠くからでも来てくれると思ったから、場所はどこでもよかった。

そういうのって私、小学生のころからやっていたんです。小学6年のとき、電柱に「来る8月15日花火大会」って貼って。近所でお金を集めて自分で宝探し大会と花火大会をやっていましたからね。10人とか15人の子どもがいたら3000円くらい集まるじゃないですか。そのお金で花火を買って、残りのお金で駄菓子屋に行ってくじ引きをいっぱい引くんです。そしたらいい景品が当たるじゃないですか。その景品を砂場に埋めて、宝探しゲームをするんです。いい景品があるからみんなも喜ぶし、自分もくじ引きができて楽しいし。私、好きな言葉が一石二鳥でした。何かやるなら同時に二個三個やれる人間になりたいって思っていました。

単身、銀座に進出

そうやって店を何軒もやりながら、実は1年くらい東京の銀座で働いたんですよ。付き合っていた男がいて、その男と別れたいばっかりに高知を離れることにしたんです。経営のほうは店の女の子を遠隔で動かして。

名前で店を選んだらちっちゃいところだったんですよね。でも小学館の人とか小説家とか有名な人ばっかりが来ていて、勤め始めたら「必ず小説を持って帰れ」って言われて。「先生たちが来るから、知らないのはだめだ」って言われて。私、本を読んでっていうのがあんまり好きじゃないからやめようかなと思ってたときに、毎日、新橋でスカウトマンにスカウトされるんですよ。新橋って銀座の最寄り駅ですから。

そのころは若いし、まだまだイケイケだったんで、ほんと毎日スカウトされていて。ずっと断ってたんですけど、「うちを見てもらいたい」って言われて行ってみたんです。そうしたら、もう100人ぐらい入れる大きなクラブでした。座って7万円ぐらいかな。神田正輝さんとか志村けんさんとか、歌舞伎役者とか、プロゴルファーとか、SMAPの人とかが来るようなお店です。そこに勤め始めました。

何十人も女の子がいる中で、私、普通の女の子と自分は違うと思ってるんですよね。高知でラジオ番組やってるし、手広く店もやってるし、従業員もいっぱい雇ってやってるから。高知シティFMの『純歌の恋する演歌』はそのときはもうスタートしていました。東京に出てからも、電話を使ったりしてその番組は続けていたんです。それに、そのころは体も細かったし、自分で言うのも変だけどきれいだったし。普通の人は私には口利けないわ、ぐらい思ってたんですよ。男の人たちも私をちやほやするし。

おだてられてその気に

スカウトされたときも、「そんなに言うなら行ってあげるけど」っていうぐらいの上から目線だったんです。美容院に行くのもメンバーさん（黒服の男性スタッフ）が連れてってくれて、「純歌さん、今日もおきれいです」ってひざまずいて。雨が降れば傘をさしてくれるし。店に入ったときも「純歌さんです」とか言われて特別な人扱いしてくれたんです、最初から。で、いい気になって。指名を待つ間、ほかの女の子たちはみんな階段で座ってるのに、私だけそんなことはしない。指名で呼ばれるまで階段にみんな、一段一段女の子が階段の上までずっといるんですよ。階段下が楽屋というか、化粧するところだったけど、そこは待機場所じゃなかったので。みんな階段に座って。でも私は1回も階段に座ったことなくて。

店の広いフロアに、大理石のカウンターの、高いお酒ばかり置いているところがあったんです。そこにおじさんの人が1人いた。五つぐらい、止まり木みたいな椅子があって。美容室に行って帰ってきたら、自分は当たり前のようにそのカウンターに座って。「一番この店で高い酒出して、ねえ」って言ったら、そのおじさんが「はい、わかりました」って。私だけはお客さんが来る前から飲んでるわけ。そんなことをしても誰にもなんにも言われない。ひとしきりいい酒、1本何十万もする酒を1人で飲んでいて。そしたらメンバーさんがひざまずいて「純歌さん、きょうもよろしくお願いします」って。

最初のお客さんのところにつかされるわけです。「新人の純歌さんです」って。「えっ、こんな子が入ったの」とか言われるわけですよ。映画監督だったり、なんか有名な人に。「この子の目には吸い込まれるね」とか言われて。みんながそういうふうに言うから、やっぱりおだてられてその気になるわけですよ。まだ30歳ちょっとくらいなので。

10分で100万円！

銀座の女の子って、担当がいるんですよ。担当。お客さんの担当。私、銀座のシステム知らないから、もう高知のノリですよ。映画監督とかが「この子、誘っていいかな」って言ったら担当の女の子が「なによ監督、こういうタイプが好みだったんだ。ふうん」とか言うんですよ。そしたらそのあと呼ばれて。「ねね、監督に口説かれなかった？　携帯の番号とか教えてないでしょうね」とか。ライバル心がすごくて、こんなとこにはいられないと思って辞めた部分もあったんですけど、そこにどれぐらいいたかな。1年もいなかったな。時給は7000円ぐらい。午後8時から11時。いや、12時までだったか。1日3、4時間ぐらいでしたね。

「アフターいけますか、純歌さん」って言われたことがあって、「アフターって何ですか？」って聞いたら、「ちょこっと行っただけでお金になるんです」って。お客さんと店の外に飲みに行って、1時間ぐらいしたらメンバーさんが迎えに来てくれて。その呼んだ人は私にお金を払わなきゃいけない。10万ぐらいくれるんですよ。変なことをされたら困るので、1時間でメンバーさんが迎えに来るんです。私、「ラジオ番組やってる」ってちょっと店の女の子に言ったら、みんなに広がって。お客さんから「この子の歌が聞きたい」って言われてひっぱりだこになったんですよ、アフター。だから大相撲の雅山さんとかが飲みに連れて行ってくれたりして。「この子の歌を聞くんじゃや」とか言って。カラオケボックスの中に滝が流れる豪華な部屋があるんですよ。そこで私の歌だけを聞くんです。

お客さんは有名人か大金持ち。経済人とか芸能人とか。だって座って7万でしょう。座ったら担当の女の子が「何飲む？ ピンドン（高級シャンパンブランド、ドンペリニヨンの超高級ロゼシャンパン）でいい？ 持ってきてー」とか言って。女の子いっぱい座ってるから、1本なんかこのくらいしかないから、何本もボンボンボンボン空くわけです。お客さんが「もう俺、次の店行くよ」って言うと、女の子が「だーって社長、10分ぐらいしかいないじゃやない」とか言って。その10分間で100万円ぐらい使わせるんですよ。ボトル下ろさせて、バンバン空けさせて、もう額が違う。でも私はやっぱり高知に帰りたいと思いましたね。みんなライバルで友だちなんてできないし。

店に来た人で私がすぐわかった有名人は、志村けんさんと神田正輝さん。あとは歌舞伎役者。私、芸能人のところにはつかされなかったけど、来ているのはわかるから。心の中で「あっ志村けんや」「神田正輝やん」って思って。でもびっくりを表に出せないので。ちらっと上品に構えて、心の中で「ぎえっ、すごい」って思っていました。

なめたらいかんぜよ

辞めるきっかけはすごいんです。高知に行ったり来たりしてたら給料を思い切り天引きされたんですよ、ペナルティって言われて。メンバーさんを呼んで「どういうこと、お金引かれるんやったら私に言っとくべきやない？　社長連れてきいや！」って言ったら、私がタンカ切ったのにびっくりしてびびってメンバーさん震えてたんですよ。「あんたやったらもう話にならんきよ」って高知弁で。「なめたらいかんぜえ！」って言って。

「休みます、高知にちょっと帰るんで」って高知に帰ったらペナルティがあったんです。働いた日の分から休んだ日を引いて引いて引いて、給料がその月は20万ぐらいしかなかったんですよ。「おかしいやん」って。「ええわ、社長呼べんかったら私この店辞めます」って言って辞めました。

辞めた足で銀座を歩いてたら、加藤茶さんの花輪が目に入ったんです。左とん平さんと。あらら、このクラブはそういう人たちが出入りしてるのかなと思って。その場で「面接に行きたい」って電話かけたら「すぐ来てくれ」って言われたんです。面接を受けたら「明日から来てくれ」って言われて。驚いたことに、行き始めて一番最初のお客さんが左とん平さんだったんです。とん平さんは仲本さんと友だちで、ご本人が亡くなるまでずっとうちの店に来てくれた人なんですよ。「仲本のところに行こう、仲本のとこ行ってあげなきゃいけない」って。

仲本さんと結婚したあと、とん平さんにその店のことを話したら「おまえ、あそこにいたのかあ」って。「すげえなあ」って。その店はねえ、そんなに大きくなかった。座って3万5000円から4万円ぐらい。どれぐらいいたかな。もうね、高知に帰りたくて帰りたくてたまらなくなって、行き始めてちょっとしてから辞めました。もうどうしても秋風がね、ぴゅーって心の中を吹き抜けていくんですよ。ぴゅーって。だから、どうしても帰りたくなって帰ったんです。

そうそう、不思議な話があるんですよ。歌手になって東京へ出てきてちょっとした頃です。仲本さんを頼って出てきて、毎日毎日パチンコして、歌の仕事もどうなるやら。仲本さんを頼ったらなんとかなると思って来たものの、全くなんともならなかったから、「仲本さん、これじゃやだめだから、私が働けるお店をどっか紹介してよ」って言ったら、「わかった」って。「そこのお店のママとは俺ちょっとあったけど」って。そんなことを言われながら一緒に店へ行ったら、その店だったんですよ。「マジかよ」って。

その店、1日だけ仲本さん同伴で働いたんですけど、やっぱり無理やと思って。1日こっきりで辞めました。辞めたというか、行かなかった。

楽屋のテントに赤とんぼ

心の中に秋風が吹いて高知に帰ったのが31か32のとき。そのとき、私にはもう高知の店はありませんでした。別れた男に店をあげちゃったんです。自分一人、体さえあったらなんでもできると思っていて。だから別れてもらう代わりに店はあげるって。私、欲があまりないんですよ。作ってきたものを人に簡単にあげられる人なんです。自分はまた新たにやればいいって思っていましたから。

以前、私が育てのお母さんに渡したお店があったじゃないですか。そのお店のお客さんを引っ張って、従姉妹が独立して店を出していたんですよ。「高知に帰ってくるんやったら、とりあえず従姉妹のところで働いたらどうや」ってお母さんに言われて。それまでは私が従姉妹を雇っていたのに、雇われる側になったんですよ。「従姉妹だし、そこ行こうか」という感じで。バイトで行っていました。

従姉妹の店で働きながら、高知シティFMの『純歌の恋する演歌』はずっと続けていました。スタートは29歳くらいかな。店をいっぱいやってたころ。仲本さんと知り合ったあと、36か37歳くらいまでやりました。けっこう長いことやりましたね。

33歳のときに仲本さんのコンサートを聴きに行って、電話番号を書いたペーパーナプキンを手に握らせて。そこから私の運命は仲本さんと重なります。心の中に秋風が吹いていた東京にまた出て行って、仲本さんと暮らして。家族との縁が薄かったから、私にとって仲本さんはかけがえのない家族でした。南国市にある育ての母の家にも、高知市の郊外にある生みの母の家にも仲本さんは何度も来てくれました。

仲本さんが亡くなる直前、2022年10月初めには青森県まで生みの母を連れて一緒に旅行したんですよ。田子町《たっこ》の「にんにくとべごまつり」です。毎年、仲本さんと一緒に呼ばれていたんです。もともと「仲本家」に来ていたお客さんが「大したイベントじゃないし、ギャラもあまり出せませんけど、来てくれないですかね」って。それが2018年ぐらいかな。田子牛を丸ごと焼いて切り売りするんです。田子牛って、にんにくを食べさせてるので肉がすっきりしていて。楽屋がテントなんですが、その中で田子牛を食べて「おいしいねえ」って。仲本さんも「これ、うまいなあ」って。田子って何もないところだけど、私も仲本さんも田子町が大好きになって。毎年、祭りに呼んでもらっていて、2022年も「また呼んでくれてよかったねー」って。大好きなところだからお母さんも一緒に連れて行って、「自分たちでもう一泊しようよ」って。

仲本さん、ステージも楽しそうだった。自分でギター弾いて、カラオケもあって、向こうのバックバンドでババンババンやって。テントの楽屋に赤とんぼがいっぱい入ってきて、あれ不思議だったなあ。私と仲本さんの楽屋の中が赤とんぼでいっぱいになった。真っ赤な赤とんぼ。「すごいねえ、こんなに赤とんぼいるよ」って、仲本さんも子どものように喜んでた。

純歌の『朝花』、最高だなあ

田子に「いろり」って名前の店があって、囲炉裏を囲んで郷土料理を食べて。カラオケがあるから仲本さんも私もカラオケを歌いっぱなしで。そこに役場の人もいて、お母さんもいて、司会を務めてくれる高知出身のせんちゃんもいて。

せんちゃんはその年の8月、私に連絡をくれたんです。で、せんちゃんのラジオに電話で出演して。いろいろ話をしてたら共通の友人とかもいっぱいいたので、「今度、青森でイベントあるんだけど、そこで司会しない?」って言ったら「行く行く」って。行きの新幹線で初めて会ったんですよ。仲本さんと私とお母さんとせんちゃんと、もう一人東京で応援してくれている人が加わって、5人で青森に行ったんです。

「いろり」でカラオケをして、お開きになる前に仲本さんが言ったんです。「最後に純歌、『朝花』を歌ってくれよ」って。歌を歌ってくれなんて言われたことがないので「珍しいなあ」って思って。『朝花』は奄美大島に伝わるメロディーを取り入れた石川さゆりさんの名曲です。仲本さんのお母さんも大好きな歌でした。

歌ったあと、仲本さんが言いました。「いいよなあ、純歌の『朝花』は。本人よりいいなあ。俺は純歌の『朝花』が大好きなんだよ」って。

沖縄出身だから奄美のメロディーが好きだったのかもしれない。お母さんが好きだったから仲本さんも好きだったのかもしれない。詞はこんな感じです。

〈あの朝花の調べに抱かれて ハイハイハ〜レィヨイサヨイと泣いて泣いてみました瞬きの間に過ぎていったこの生を悔やむ曇りはあらず いつしかいつしか カモメになりあのひとのあのひとの胸に帰るまで……〉

仲本さん、「日本の歌は歌えない」とか言いながらけっこう歌っていたんですよ。坂本九さん、北島三郎さん、必殺仕事人の歌、『吾亦紅』、『千の風になって』、それから『Goodbye day』。北島三郎さんの歌は、北島さんと一緒に舞台をしてから歌うようになっていました。

最後の楽しい思い出

田子町にスヌーピーの滝があるんです。横から見るとスヌーピーに見えるという滝で、正式名は「みろくの滝」。「みんなで行こうよ」って行ってみたら、少し前に橋が壊れてしまって立ち入り禁止。でもせっかく来たからって、私とせんちゃんは川を歩いて渡ったんです。滝を見学して戻ったら、仲本さんが怒ったような顔をして待っていました。「入っちゃいけないって書いてあったら、入っちゃいけないんじゃないか」って。

帰りの新幹線でも思い出があります。座席が空いていなかったんです。グランクラス（新幹線の最上級座席）しか空いていなくて、それで東京まで帰ってきたんですよ。そしたら軽食は出るし、サービスはいいし、「すごい。これ、ええやん」って。「ちょっと仲本さん、これ乗ったらもうこれしか乗れなくなるよ」って。次に田子へ来るときは絶対これにしようねって言ったりして。

田子は仕事というよりも私たちの旅行になっていましたから。山ブドウも売っていて、山ブドウでステーキソースを作るんですよ。ポポーっていう果実もあって。アケビみたいな、バナナのような甘さの果実です。私、食材オタクなんです。遠くの道の駅に行って見たこともないような食材を探すのが大好き。最近はハチミツに凝っていて、いろんなハチミツを探すのが大好き。東北に行ったらいろいろな食材がありますからね。もらえるのが交通費だけでもいいから田子は行きたいところでした。

田子の祭りが10月1、2日。田子から帰ったのが10月3日だと思います。仲本さんが事故に遭ったのが10月18日で、亡くなったのが翌19日。お母さんを連れて青森に行けたことは、最後の楽しい思い出として残っています。

川島なお美さんの伝言

また変な人と思われるけど、ちょっと不思議な話をさせてください。私、なんにも考えてないときに霊感が浮かぶんです。たとえば朝起きて、眠気まなこでトイレに行っているとき。そんなとき、どこからか声が聞こえたりするんです。こうしたほうがいいとか、ああしたらとか、こうやないとか、あの人はこうこうやったけどこうやと思うよとか。

２０１５年9月24日、女優の川島なお美さんが亡くなられました。その直後、なお美さんが私のところへ来たんですよ。いや、来たのを見たわけではなくて、声が聞こえたんです。心に届く声というか、心の声が。髪を乾かしているときでした。髪を乾かしているときって、なんにも考えていないんです。なんにも考えてないときにしかそういうのって聞こえないんです。

髪を乾かしているとき、この辺り、左耳の後ろから「川島なお美です」って。「ん？なんか声が聞こえる気がする」って思うと、「すみません」ってはっきり聞こえる。「もしよかったら夫に伝えてもらいたいことがあるんですけど」って。「私、一番最後に夫に言いたかったことがあって、それが伝わらなかったことが悔しくて」って。「夫に伝えたかったのは『ありがとう』じゃなくて、『愛してる』だったのに、それが伝わらなかったのが悔しくて。伝えたかったのは『愛してる』だったことを伝えてくれますか」って言われたんです。

「待って、待って」って私は思って。川島なお美さんとは話したこともないんですよ。「これ、妄想だ。私が勝手に考えてるんだ」って思って。「もし今の話が、私が考えていることじゃなくって、本当に聞こえたことなら、『有吉反省会』に出ることができたら信用します」って念じたんです。『有吉反省会』というのは日本テレビのバラエティ番組です。私、『有吉反省会』に出ることになってたけど、テレビ高知のキャラバンバンの撮影と重なったので出られなかったんです。キャラバンバンの収録も終わったので、再び『有吉反省会』のオファーがあったら信用する、という意味です。川島なお美さんの声は「そういうことをやったことがないけど、頑張ってみます」でした。

『有吉反省会』のスタッフから電話がかかってきたのはその30分後でした。「出演をお願いします」って言ってきて、「げーっ」って思って。「本当だった！」と思って。でもそのときはもう舞い上がってしまって。「出れるんだ！　ダイエットしなきゃ！」と思って。そっちのほうに一生懸命になったんですよ。木曜日ぐらいに電話がかかってきて、土曜日ぐらいが収録だったので、日にちがなかったんですね。その間、ご飯をあまり食べずに3キロ痩せて、出演して、なお美さんとの約束はすっかり忘れていたんです。

次の週かな。「川島なお美です」って、また髪乾かしてたら声が聞こえて。「またお願いしたいんですけど。お願いします」って。「そうだ、忘れてた」と思って。「約束は果たさないと」と思って。それで仲本さんに「ね、今さっきね、川島なお美がね、また来たのよ」って報告して。川島なお美さんが言っている内容は前回の通り。「どうしてもやってあげないといけない」って思いながらなんとなくテレビをつけたんですよ。

　そしたら、「ただいま青山斎場にいます。今から川島なお美さんの葬儀が始まります」って。報道陣がいっぱいいるところが生中継で映っているんです。「待って、今？」と思って。「きょう？」と思って。で、私まだ髪を乾かしている途中だったので、髪を乾かす作業に戻って、「葬儀の最中じゃん」と考えてたら、「すみません、お願いします」ってまた言われて。「ちょっと待って」って思って。「あのね」って、「今あなたの葬儀をしている最中じゃないですか。こんなところに来てる場合じゃないでしょ」って心で思ったら、「嫌なんです。みんな私の顔見ていくんで、そこにいたくないんです」って。「死んだ顔を見られたくないんです、人に」って。「わかりました」と答えると、「よかったら葬儀も来てくれたらいいんですけど」って。髪乾かすのをやめて仲本さんのところに戻って、「仲本さん」って。「川島なお美が『葬儀に来て』って言ってるけど」と言うと、「わかった。行くか。いいよ」って。

波長が合うんです

川島なお美さんの葬儀は2015年の10月2日でした。仲本さんだったら葬儀の会場に入れてもらえるじゃないですか。だから青山斎場まで行こうと思ったんです。でも仲本さんが「わかった。行くか」って言ったあと、「ちょっと待って。その自信がない、私」って答えた。死者からの伝言なんて言ったら間違いなく変な人だと思われるし、「やっぱり行くのやめよう」ってやめたんですよ。

その日の夜、というか夜中の2時ごろ、夢を見ました。真っ赤なじゅうたんを敷いてるような、レンゲ畑みたいな低い花の中に、白いドレスを着た人がいて、赤いちっちゃなレンゲみたいなのをいっぱい持って、「今ものすごい気持ちがいいのよ」って。「私、今が一番いい気分だわ、本当にいい気分だわ」って。「私の一番好きなドレスは着せてもらえなかったけど、2番目に好きなドレスを着せてもらえたの。いい気分だわ」って聞いたところで目が覚めたんですよ。

川島なお美さんの声を聞いた話は仲本家の従業員にもしていたので、次の日に仲本家でせっちゃんっていう女性の従業員に話したんです。「ね、ね、せっちゃん、私、また夢見たんだけど」って。こんなこんな夢を見たって言ったら、「純歌、そうだと思うよ」って。「だって、お葬式ね、ベルベット葬って言ってね、真っ赤なじゅうたんでね。白い花にせずにね、赤い花ばっかりのお葬式だったみたいよ」って。「それで川島なお美がね、赤いドレスが一番好きだったみたいだけど、あまりにも赤いドレスを着せるとあれやから、白いドレスを着せて、上に赤いドレスを載せたらしいよ」って聞いて、私、鳥肌が立ってしまった。

私、そのちょっと前に電話をかけてたんですよ。川島なお美さんの夫、鎧塚俊彦さんがやっているスイーツの店に。検索したら六本木店とか麻布店とかいっぱい店舗があったんですけど、六本木店にかけたほうがいいと思って、ピンときて六本木店にかけたんですよ。「すみません、仲本工事の家内なんですけど、私も本当は嫌なんですけど、言わなきゃいけないと思って電話をかけました」って言って。「変な人だと思うならもう電話を切ってもらってもいいんですけど、実は私、霊能力があって、旦那さんに伝えてほしいという伝言を川島なお美さんから預かってるんです」って。そしたら電話口の人が「わかりました」って答えてくれたんですよ。で、秘書の人の電話番号を教えてくれて。秘書の人に電話をかけたら、「鎧塚は落ち込んで、本当にもう肩を落としてるところなので、落ち着いたら本人から電話かけさせますので」と言われて。電話はかかってきませんでした。

でも伝えたんですから、「もう伝えたからええやろう、川島なお美さん」みたいな心境でした。それから1年ぐらいたって、『徹子の部屋』に鎧塚さんが出たんです。それもまたせっちゃんが見てたらしいんですよ。せっちゃんによると、『最期ね、絶対意識が戻らないって言ってたのに、最期、いきなりぱっと目を開けて手を握って、アーッて声を出して死んだんですよ。たぶん僕にありがとうって言いたかったと思います』ってテレビで言ってたよ」って。「純歌の言う通りだったよ」ってせっちゃんに言われたんですよね。だから、「やっぱりほんとだったんだな」と思って。

私、「なんで私のところに来たんですか?」ってなお美さんの声に聞いたことがあるんです。答えは「波長が合うんです」。「ネットで見たけど、なお美さん、いっぱい霊能者とつながってるじゃないですか。霊能者の人に頼めばいいのに」って聞いたら、「霊能者の人はお金でやっているんです。私が頼んだところで本人に伝えてくれるわけないじゃないですか、絶対に。純歌さんだったら伝えてくれると思ったので」って言っていました。

仲本さんの後ろに3人

もう一つ不思議な話をしますね。

私、ＣＡ（キャビンアテンダント）の友人がいるんです。２０２３年の朝の連続テレビ小説が高知の牧野富太郎さんだったでしょう。その話になって、高知の話題で盛り上がって。その年の夏に家族３人で高知へ遊びに行ったような子なんですが、その子にこんな話を聞いたんです。実は仲本さんを看取ったのは、私と私の息子、マネジャー、仲本さんの友人の一人、そしてこのＣＡの友人でした。５人です。私の息子は東京の大学を出て東京で働いていています。私と仲本さんが住んでいたデザイナーズマンションで暮らしていたこともあって、仲本さんとは仲がいいんです。５人で仲本さんを看取ったときの話です。

仲本さんが亡くなる寸前、ＣＡのその子と私の２人でずっと仲本さんの手を握って、私は「仲本さーん」って叫んで。仲本さんの血圧や心拍数がどんどんどんどんなくなって、ゼロになって。私は「仲本さーん、ゼロからスタートやんか」って叫んで。「お願いーっ」って。「ゼロからスタートやんか。もっかいだけ一緒にやろう」ってずっと叫んでいました。隣で仲本さんの手を握るその子は、ずっと黙ってたんですよ。

仲本さんが亡くなってから四十九日の間、いろんな人が仲本家に泊まりに来てくれたときに、その子も泊まりに来てくれました。そのとき、こんなことを話してくれました。「仲本さんが亡くなる寸前、仲本さんは『純歌のこと、よろしく』って私に言っていたんです。

『仲本さん行かないで、お願いだから』って純歌さんがすごく叫んでるときです。仲本さん、『もういいよ、もういいよ、純歌のことよろしくね』って」

仲本さんの後ろに3人の男女が見えた、とも言っていました。背中の曲がった小さいおばあさんと、すらっとした男の人と、後ろに隠れて背の低い男の人がいた。その3人が見えたって。鳥肌が立ちました。この子、本当に見えるんだな、と。仲本さんのお母さんは背骨がすごく曲がっているんです。育てのお父さんは背が高い、すらっとした人だったようです。仲本さん、実のお父さんには会ったことがないんですが、後ろで陰に隠れていたのは実のお父さんじゃないかなあ。その子、仲本さんのお母さんに会ったこともないし、仲本さんのお父さんのことも知らない。もちろん仲本さんに実のお父さんがいるなんてことも知らない。それなのに、その3人が見えたそうです。

加トちゃんが言っちゃった

仲本さんと私が結婚式を挙げたのは2012年の7月でした。その1年ちょっと前、加藤茶さんと綾菜さんの結婚式があったころだから２０１１年の初めかな。仲本さんと一緒にゲストで呼ばれていた席に行くとき、「今から行ってきまーす」ってフェイスブックに載せました。行き先は新宿ワシントンホテルです。

ワシントンホテルの前に着くと、報道陣がいっぱいいました。「あれ、誰か来てるのかねえ」って仲本さんと話しながら車を駐車場に入れようとしたんです。「いっぱいにぎわってるねえ」「なんかあったのかなあ」って話しながら。そしたら、突然バッてみんなが振り返って、私たちの車をパシャパシャパシャパシャ。え？　あたし？　みたいな。

なんか、加藤茶さんがね、テレビで言っちゃったみたいなんです。「年の差婚は俺だけじゃねえよ」って。「仲本もだよ」って。加藤茶さんと綾菜さんの年の差が45歳。私と仲本さんは27歳。ドリフターズのメンバー同士だから話題になりやすかったのかもしれない。

翌日ぐらいからもう朝のニュースで私のことをみんなが語ってる。どのチャンネルも。「名前は三代純歌さんで」とか、「お相手はこんな人なんですよね」とかって言って。私の写真を出したり、こんな歌を出してるとかって、どのチャンネルでもやってて。

育てのお母さんから電話がかかってきて、「あんた、どうしたの！」って怒って。「あんた、結婚するとかって言ってるじゃん！」って。「テレビが言ってるのに私が知らないのはどういうこと！」って。「いや、なんか、別に、そういう感じなのかねえ」みたいな感じで答えて。仲本さんから結婚しようとか言われたこともないし、私も言ってない。でもなんか、そんな感じになっちゃった。育てのお母さんは結婚に賛成してくれました。

２０１１年の7月に仲本さんのお母さんが亡くなって、それから仲本さんと2人で暮らし始めて、翌年の7月に結婚。お父さんとイザワオフィスの社長に署名してもらった婚姻届がありながら、入籍直前で入籍しなかった経緯はすでに説明した通りです。

結婚したとき、70歳と44歳ですね。出会ったときは60歳と33歳で若かったけど、結婚したときは男と女というよりも大切な家族という感じ。精神的なつながりのほうが強かった。犬を飼って子ども代わりにして。犬は何匹も飼っていました。

第四章　暗転

新型コロナの猛威

「仲本家」と「ピンクローズ」の経営が大変になってきたのは2020年初めから日本を襲った新型コロナウイルスの影響でした。

3月には新型コロナに罹患した志村けんさんが亡くなりました。仲本さんは泣いたり驚いたりするわけではなく、淡々とした感じで受け入れていました。「具合も悪かったからなあ、残念だなあ」と。嘆き悲しむ感じじゃないので、志村けんさんの追悼番組に出るときに言ったんです。「仲本さん、追悼なんだからね。ちゃんとしとかんといかんよ」って。そうやって注意しているのに、生番組でいきなりこんなことを言ったんです。「音楽が暗いよ、もっと明るくやってほしい」って。こんな暗いことをやっても志村は喜ばないよってことを言っちゃった。帰ってきた仲本さんに、「あんなこと言ったらいかんやろう」って言ったら、「俺が言ったからみんな明るくなったよ」って。確かに研ナオコさんなんかも仲本さんに同調して「この音楽、嫌だな」って言っていました。仲本さんは仲本さんなりに、明るく志村さんを送りたかったんだと思います。コロナの影響で志村さんの葬儀もなかったし、偲ぶ会もできなかった。新型コロナウイルスの影響は本当に深刻でした。私たちの店への新型コロナのダメージも想像以上でした。「仲本家」も「ピンクローズ」も休業し、「ピンクローズ」はそのまま閉店しました。「仲本家」は時短営業を始めましたが、当初は午後6時から9時までです。「3時間しかできないのならやらんほうがいいよ」って言ったら、仲本さんは「やらないと従業員が困るだろう。ちょっとでもやってくれって言うんだよなあ」って。半年くらいはお弁当も作って売っていましたが、1日10食くらいしか売れませんでした。

もともと仲本さんの仕事は少なくなっていたのに、新型コロナウイルスが少ない仕事をさらに奪っていきます。経済的にどんどんひっ迫していきました。２０２０年5月、仲本さんと話し合って月30万円かかっていたデザイナーズマンションを引き払いました。荷物は「仲本家」の2階に入れ、私は「仲本家」の2階に、仲本さんは「ピンクローズ」の2階で寝るようになりました。捨てられるものは捨てましたが、思い出があるものは捨てられません。「仲本家」の2階は荷物でいっぱいになりました。

寝る場所が別になったのは、私の安眠のためです。仲本さんは夜中にテレビを見るんです。しかも爆音、つまりテレビのボリュームをいっぱいに上げて。耳が遠くなっていたんです。生活には問題ないんですが、特に若い人の声なんかが聞き取りにくくなっていて。「何を言ってるかわからないよ」って言うこともありました。仲本さん、けっこう昼寝をするんです。だから夜が強くて、寝るのは朝の5時とか6時。それまでずっとテレビを爆音で見てる。「音、小さくしてよ」って言うと、怒ったようにブチッて切ったりするからそれも言えないし。「こんな爆音だったら一緒に寝れない」って言って、寝るときだけは別々の部屋にしました。

釣りとカレー屋

コロナ禍さなかの2020年11月、釣りに行きました。「コロナでなんにもできないし、釣り行かない?」って友だちに言われて。船釣りに連れて行ってもらったらめっちゃ連れて。釣りはもともと高知でもやっていたので、めちゃくちゃ楽しくて。「釣りに行くときには誘ってね」って声をかけていたら、次はいつ、次はいつって。私が一番はまったのはタチウオ釣り。すごく大きいのが釣れるんですよ。タチウオってお寿司にもできるし、煮物にも燻製にもできる。骨は素揚げにできるし、みそ汁の出汁にしたら最高においしい。ほかはタコとイカ。タコは餌木を海底まで落として、5秒たったらクッて上げて。とにかく楽しくて、毎週のように釣りに行っていました。

仲本さんも1回行ったんですよ、タイ釣りに。ところがその日は東京湾が荒れていて、湾だから上下左右に船が揺れて。仲本さん、ものすごく船酔いしたんですよ。だから「もう二度と行かない」って。私の友だちの目黒近辺の人たちも、店の従業員も、東てる美さんたちも行ったんですけど、その人たちも船酔いして、一回こっきりでやめちゃって。結局、私の周りで一緒に行ってくれる人が誰もいなくなったんです。

そんなとき、芸能人の友だちに連れてってもらったところが横浜・八景島の船宿で、そこで知り合った人たちが私を目黒にまで迎えに来てくれるようになったんです。八景島まで1時間以上かかるので、迎えの時間は午前3時半ぐらいなんですよね。そんな時間に迎えに来てくれって言えなくなって、それからもう一つは荷物用のマンションを引き払う予定だったことが重なって。荷物用のマンションを家の近くに借りていたんです。家賃は高いし、全然使わない部屋になっていました。私、横浜近くに5～6万円のマンションを借りることができたら、船宿も近いし、その荷物も入れられるなって思って。知り合いの女性の不動産屋さんに相談したんです。そしたら西区浅間町に一戸建ての2階部分で月6万円の物件を見つけてくれて。目黒の「仲本家」とそこを行ったり来たりしようと思って借りました。2021年の7月でした。

その不動産屋さんが「純ちゃん、昼間に店をやらん？」って言うんです。近くの保土ヶ谷区天王町に所有しているビルがあって、「2階が空いてるから」って。「夜やる人は決まっているけど、昼間は空いているから。それなら家賃も安くなるし」って。「ピンクローズ」は閉店状態だし、「仲本家」も赤字だし、少しでも収入が欲しいと思って「カレー屋をやろうかな」と思ったんです。家賃は夜のスナックと折半だから安いし。仲本さんと相談し、やってみることにしました。カレー屋を始めたのは2021年の年末です。スナックをやる予定の人が「やっぱりやめる」と言って、いったん話がなくなったあと、なじみのマージャン屋のママが「私がやってもいいよ。息子に社会勉強でやらせるから」と手を挙げてくれました。息子さんが自衛隊を辞めて家に戻っているからって。

え？　なんでここに？

私が横浜に引っ越してから、仲本さんは横浜に来るのが日課になりました。朝起きたら「おはよう」って私に電話をかけてきて、早いときは午前10時に私の家に来てご飯を食べる。直接カレー屋に行くときは11時半くらいにカレー屋に来て、カレーを食べて、「僕がやるよ」って言って洗い物をしてくれたりして、食べた分のお金を払ってくれる。お金はいつも余分に払ってくれていました。３０００円とか５０００円とか。私のカレー屋を成功させてあげたいと思ったんだと思います。宣伝なんかしていないので、店に来たお客さんが仲本さんを見て「え？　なんで？」って驚いていました。

カレーの評判はよかったんですが、にわかに店を開いても固定客がたくさんできるわけはないですよね。コロナ禍は続いているし、商店街からちょっと離れていることもあって、売り上げはなかなか伸びませんでした。

２０２２年の5月だったか6月だったか、とうとう新型コロナウイルスの影響で休業しなければならなくなりました。店の名義は私ではなかったので、給付金とかの対象にもなりません。1カ月分だけ家賃は免除されましたが、そのあとは家賃だけ払い続けました。払ってくれたのは仲本さんです。『志村けんの大爆笑展』で一日店長を務めたりして、この当時は少しだけ仲本さんにもお金の余裕があったんです。休業したまま、カレー屋は仲本さんが亡くなったあとに閉めました。

仲本さんが横浜に来る目的は、実はもう一つありました。マージャンです。

仲本さんは昔っからマージャンをやっていたみたい。うまかったです。仲本さんのお母さんもやっていたそうだし、恵比寿の家にお母さんと住んでいたころは森光子さん、いかりや長介さん、和田アキ子さんら、たくさんの人がマージャンをやりに来たんだよって言っていました。

私は15年くらい前に仲本さんから教えてもらって、最初は家でやっていました。しばらくして「健康麻雀の大会に出ないか」って話が来たんです。ギャラもくれて、優勝したら20万円だったかな、賞金もくれる。賭けない、飲まない、吸わないっていう健康マージャン。全国の予選を勝ち抜いてきた人たちが40人ぐらい集まってやるんですけど、ゲストとして仲本さんと私と、平浩二さんとかいろんな人が呼ばれて。私、家の外でマージャンするのはその大会が初めてだったんです。健康麻雀の会長さんが仲本さんと私のことを気に入ってくれて、それ以降もその大会にはずっと出ていました。

楽しかった横浜麻雀

麻雀するのはここ十何年、仲本さんと私のほぼ日課になっていました。仲本さんは毎日横浜に来て、私に会って、ご飯食べて、マージャンです。カレー屋が休みのときは昼の12時くらいから、カレー屋の営業をした日は閉店後の午後2時すぎくらいから、近くのマージャン屋さんに行っていました。でも目黒から横浜は遠いじゃないですか。私は「毎日横浜まで来なくていいよ」って言ったんです。「目黒の近くの用賀（世田谷区）とかにもマージャン屋あるじゃん。そこに行こうよ。私、そこに行くから」って。でも仲本さんは「嫌だよ、あそこは。だって怒られるもん」って。

マージャンはうまいんですが、仲本さんって年のせいで打つのが遅いんです。「最初の牌くらい早く切りなさいよ」って私がみんなに代わって言ってあげなきゃいけないくらい遅い。以前、用賀のマージャン屋さんで「早くしてくださいよ」って言われたことがあって、その店にはそれからほとんど行かなくなって。横浜の店はすごくフレンドリーなんです。打つのが遅くてもいいし、途中で抜けてご飯食べてもいい。「いいよいいよ、ご飯食べるまで待つよ」とか、本当にフレンドリーなところで、居心地がよかったんですよね。だから仲本さんも横浜に来るのが楽しかった。マージャン友だちもできて、その人に勝ちたいっていうのも横浜に来る目的の一つになっていました。

私は横浜にいたけど、寝るときを除けば仲本さんとほぼ一緒でした。朝起きたらすぐに電話がかかってきて、「おはよう!」って。「今から行くよ」って。帰るのはマージャンが終わったあとの午後7時とか8時。仲本さんが目黒に帰り着いたあとも電話でいろいろと話をするし、自分たちは別居しているという感覚はあまりなかったんです。まさかそれが「別居」や「老人虐待」として週刊誌に書かれる話になっていくとは思いもしなかった。

蛇のような目だった

2022年の5月に週刊誌に軽い感じで出たんですよ、「純歌さんがいない、別居生活になってる」みたいな。それっきりだったので気にはしてなかったんですが、10月になって一気に噴出しました。

　仲本さんが変なことを言っていたんです。「いつも赤い車がいるんだよ」って。「赤い車なんてどこでもあるやろ」って答えていたんですが、仲本さん、いつも言ってた。「赤い車が、赤い車が」って。今考えると、週刊誌の記者が仲本さんを付け回していたんだと思います。

　仲本さんが亡くなる前の週の木曜日に『週刊新潮』へひどい記事が載るんですが、その前の週の金曜か土曜に週刊誌の記者が横浜の家に来たんですよ。仲本さんに送ってもらって、部屋に入った瞬間にトントンって。女の人が「『週刊新潮』です」って。「何ですか?」って言ったら、いきなり人が怒るようなことを言うんです。「仲本さんが具合が悪くなっても、面倒見ないでしょう、純歌さん」「そんなわけないじゃないですか、大切な家族ですよ」「仲本さんは純歌さんにとって何なんですか」「旦那さんですよ」「男がいるんでしょ、男が」「いませんよ」。いちいち説明して、玄関前で1時間くらい説明したかな。とにかく「そうなんでしょう」って感じで決めつけて。最初は女の人で、途中から男の人も加わりました。

　その女の人の目が、なんかキラキラして、なんていうかな、獲物を見つけた蛇のようなすごい目で。「そうなんでしょう」って決めつけるような。今でもその目は忘れない。蛇のような目。この人、何なのって思って、つい私も乗せられてしゃべったんですよね。違うって否定したかったから。

その次の日だったかな。『週刊新潮』は仲本さんのところにも行ってるんですよ。仲本さんが横浜から帰って、「仲本家」近くに借りてる駐車場に車を停めた瞬間だったそうです。仲待ち伏せしていたのは女と男で、いきなり「純歌さんに男がいるんでしょ」と。路上で仲本さんは「違うよ！」って。「何言ってんだおまえは！　失礼だな！」って叫んだらしいんですよ。しばらくやり取りがあったあと、そのやり取りを見ていた通行人が警察に通報して、パトカーと警察官が5人ぐらい来たそうです。

警察の人に「路上で話をするのは迷惑だから、もうここではやめてくれ」って言われて。仲本さんが『週刊新潮』の男と女を振り切るようにして「仲本家」に入っていったら、お客さんのいる店内にまでその2人が入ってきた。それでまたいきなり、「純歌さんは男ができて横浜行ったんでしょう」とか。あまりにも店でなんだかんだって騒ぐから、客の一人が怒り始めて。「おまえら、営業妨害じゃねえか！」って叫んで、それでやっと退散した。

次の日の朝、私のうちに来たときも仲本さんはめちゃめちゃ怒っていて。「本当に失礼なんだよ。道でそんなこと言うんだぜ」って。「しかもさ、俺に『純歌に男がいるんじゃないか』って、そんなこと言うんだぜ」って。的外れな質問をするだけだったら笑い話ですんだかもしれませんが、恐ろしいのは自分たちの的外れな質問をそのまま「事実」として書いていたことです。いくら「それは違う、こうです」って言っても、こちらの言い分は一切書かない。書くのは自分が「そうなんでしょ」って言ったことばかり。「仲本さんが具合悪くなっても看ないんでしょ」「何言ってるんですか、看ないわけないじゃないですか」ってやり取りがあったら、書くのは「純歌は仲本工事を看るつもりがない」的な記事。私、「大事な家族なんです」って言ったんですよ。だけど、そういう話は全く載せない。

誘導尋問の罠

10月13日の木曜日に出た『週刊新潮』の見出しは、「娘が悲憤の訴え　仲本工事を虐げる　27歳下モンスター妻」でした。娘が私を告発したみたいな記事。

記事がネットに出た瞬間、仲本さん、すごく怒って。娘さんに電話をかけて「おまえが言ったのか。おまえが言ったならひどい話だぞ」って。「家族を売るなんてひどい話だぞ」って怒ったそうです。娘さんは「私じゃない！」って言って。「だって向こうが全部質問攻めできて、だから私は、こうこうです、そうかなとか、こうですとか、っていう答えをしただけで別に、私が週刊誌に売ったわけじゃ全然ない」って言ったそうです。仲本さんは娘さんが週刊誌に売り込んだんじゃないと知って少し安堵したようです。「ちょっと娘に電話かけてくれないか」って仲本さんに言われて、私も電話をかけたんですよね。

「○○ちゃん、私に話したいってことがあるんだよね」って電話したら、「週刊誌の見出し、あんなに書かれてて、あれ私が言ったんじゃないですから」って。「でもね、こんなに書かれたっていうことは、○○ちゃんが認めたことになってるからじゃないの？」って言ったら、「こんな見出しになるって全然知らなかったんです」って。「向こうがいろいろと犬のこととか、いろんなことを言って、『純歌さん、もう横浜にいるんですよね』とか言われて、そういう話をしただけで、別に私がなんだかんだ言ったわけじゃないけど、なんかこんなになっちゃって。本当にすみません。もう二度と週刊誌の罠にハマらないようにするので、もう許してください、ごめんなさい」って謝られたんです。「ごめん、わかった」って私も言って。

娘さん、罠にはめられたんですよね。「こうこうなんですよね」「ああなんですよね」っていう質問に対して、「そうかもしれないですけど」とか、「まあ確かに純歌さんは横浜にいます」とかって答えたら、それが「涙の告白」になる。自分たちが書きたいシナリオに沿って誘導尋問を重ね、都合のいいところだけつまみ食いして記事を作っていました。

「でもね」って一つだけ娘さんに言われたことがあります。「週刊誌に載せられてる理由の一つっていうか、真ん中の部屋の、倉庫になってるところは片付けましょうよ」って。『週刊新潮』には「ピンクローズ」と「仲本家」が「ゴミ屋敷」になっているかのように書かれていたんです。前に説明した通り、それまで住んでいたデザイナーズマンションから家具や段ボールを搬入したので、確かに荷物でいっぱいです。私が横浜に行ったあと、それがさらに増幅する事態になっていました。倉庫に使っていたところを追い出されてしまったんです。月5万円で向かいの大家さんに借りていた倉庫で、冷凍庫とか店のものとかいっぱい置いていました。そこを急に「出て行ってもらえないか」って言われてしまって。仲本さんに相談したら「もういいよ、返そう」って。荷物は「しようがないから純歌の部屋に入れるか」って。結局、「仲本家」2階の私の部屋に冷凍ケースや店で使うお皿、大きな椅子、木舟とかを入れたんですよね。だから、私が横浜に行く前はきれいだったのに、いつの間にか物置小屋になっちゃった。私、その部屋のベッドで寝ることができなくなったんですよ。だから横浜から帰ったときは「ピンクローズ」のソファーで寝てました。振り返って考えると、私も仲本さんも感覚がマヒしていたのかもしれない。コロナで店がやれなくなって、お金がなくなって、マンション引き払って店の2階に住んで。店の2階に住むって普通じゃないですからね。しかも店ですから、1階も2階も土足だし。普通の家に住んでる感覚じゃなくて、避難生活を続けている感覚になっていたのかもしれない。

断捨離は大事ですよ

でも、いっぱいある荷物は捨てられないものだから。捨てられない荷物を、真ん中の部屋を倉庫代わりにして置いているわけだから。ゴミなわけじゃないから。仲本さんの娘さんに「片付けましょうっていっても、片付けようがないんだよね」って答えたら、「ずっと使ってないっていうことはゴミ同然なんじゃないですか」って。「週刊誌に書かれたんだから、まずは捨てましょうよ」って言われて。「捨てられる荷物だったら、引っ越ししてるときに捨ててるよ。置いとこうって思う荷物を持ってきてるわけだから」って答えたら、

「純歌さん、断捨離は大事ですよ」ってさらに言われて。「まあ、確かにね」って答えて。「もしやるなら早めに、もう絶対に週刊誌に書かれないように片付けましょう。私も手伝いますから」とまで言われて、「わかった」って。「まあ断捨離だよね。片付けよう」って言って。ゴミの日に出せるようなものではないので、不燃物の回収業者に持っていってもらう段取りを始めました。

不思議だったのは週刊誌に載った写真です。「ピンクローズ」の1階はもちろん、2階も撮っていたんです。トイレが近いので仲本さんはだいたい1階に寝ていたんですが、2階の仲本さんの部屋を写していました。仲本さんと「この写真は誰が出したんだろうね」って。「こういう写真を撮って、これは身内しか考えられないじゃないか」「2階に上がれる人間なんて、客は上がれないわけだから、ほんの何人しかいないよ」って。仲本さんは娘さんに「おまえが写真撮ったのか」とも聞いたそうです。娘さんは「絶対に私じゃない」と。撮ることができた人間っていうと、仲本さんのカメラマンもしていた「ピンクローズ」の従業員の女性が一番考えられるわけですよ。その女性は電車がなくなって「ピンクローズ」の1階で泊まっていくことも多かったので。「ピンクローズ」の1階では男性従業員もよく泊まっていきました。ソファーで雑魚寝できるんです。

『週刊新潮』が出た2日後の土曜日だったかな。その女性を呼び出して、仲本さんが責めたんですよ。「こんな写真載っけるの、お前しか考えられないじゃないか」「本当のことをしゃべれ」って。怒る仲本さんを前に、その女性は「私じゃないですー」って。猫を触ってみたり、話をはぐらかし続けていました。というか、もう取り合わない感じ。「全然私じゃないです」の一点張りでしたね。その後も含め、週刊誌に載る写真のほとんどはその女性が撮った写真だったように思います。彼女は『志村けんの大爆笑展』にも仲本さんについてって写真を撮っていました。仲本さんとの関係はよくわからない。仲本さんに「なんでカメラマンまで雇っていいカメラで写真を撮らなきゃいけないの?」って聞くと、「ツイッターの写真に使うんだ」って。私は「そんなの、スマホで撮ったらいいじゃん」って言ったんですけど。

ツイートが消された

この女性は仲本さんに成り代わって仲本さんのツイッター（Twitter 現在はX）を発信

していました。『週刊新潮』の記事が出たあと、仲本さんに「もうこれからは自分で発信しよう」って言ったんです。「もうこれからは人にやらせるのではなくツイートの練習しよう」って。「わかった」って言ってくれたから「何書く？」って聞いたらこんなふうに書いたんです。「二人は仲良くやっていますので心配なく」って。

ところがその女性がいきなりその言葉を削除してしまったんです。「本人の意思と違うものが載ったので削除しました」って。仲本さんがツイートした直後でした。なんで削除したのかって聞くと、『第三者が書いたコメントが入ったから削除して』ってイザワオフィスに言われた」って。「二人が仲良くやっています」っていうツイートを、しかも仲本さん本人がツイートしたものを仲本さんの事務所が削除させるなんてありえないと思うんですが。

ラッキー以外の犬を私が「こいつらは犬だから」と言った話が載っていますが、もちろん嘘です。これはうちの従業員にしか話してないから、言った人がわかるんですよ。うちに寝泊まりまでさせて世話をした男性従業員です。その人の前で、「この子たちは餌をもらったら喜んで、本当に犬って感じだけど、ラッキーは人って感じがする。ラッキーはなんか人間みたいなんだよね」って話をしたんです。仲本さんもそう思っていた。ラッキーは一つ一つの動作も違うし、人の話をよく聞いて、言葉とかもわかるし。なんか前世で人間やってたんじゃないかみたいなところがあって、「なんかラッキー違うよね」って。それが「こいつらは犬だから」という悪意たっぷりの記事になってしまって。この従業員、仲本さんも私もめちゃめちゃ世話したんですよ。だからショックも大きくて。

ペットがおしっこするので「ピンクローズ」の店内に新聞紙を敷いたって書かれましたけど、仲本さん、新聞紙は敷いていました。全面じゃないですけどね。2階は廊下のところにシートを置いてあった。私が横浜に行ってから、猫がマーキングするようになったんです。それで仲本さんが、店がくさくなったらいけないって新聞紙を敷き始めて。汚くならないように新聞紙は敷きまくっていました。

糞尿だらけっていうふうに書かれていたんですけど、毎日住んでいるので、もしウンコしたら片付けるじゃないですか。だから別に糞尿だらけっていうわけでもないし、それをゴミ屋敷と糞尿だらけって書かれて。そんな店って思われたら立ち直れないくらい印象悪いですよね。もう私、店に石を投げられるんじゃないかと真剣に心配しました。

生活があるからなあ

なんで従業員に裏切られるのかなあ。仲本さん、一生懸命経営してたんです。コロナで売り上げがないのに、どこからかお金を借りてきて給料払ったり。給料の支払いが少し遅れたとき、従業員に「まだ給料払ってくれないんですよ、純歌、仲本さんに言ってよ」って強く言われたことがあります。従業員も生活があるから大変なんですが、店の状況も大変だった。「仲本さん、これ計算が違うんですけど！」って給料の計算違いを仲本さんが従業員に怒られていたこともあります。コロナになってからは店をやるマイナスの方が多かったんですが、「従業員にも生活があるからなあ」って仲本さん頑張っていました。

利益は「ピンクローズ」のほうが多かったんです。飲み放題、歌い放題で5000円でしたから。「ピンクローズ」が新型コロナウイルスの影響で閉店状態になってからは飲食業の収入はほとんどなくなりました。「仲本家」は材料費がかかるし。最初のころは予約で連日いっぱいだったけど、最初のころだけだったし。それでも頑張って経営していたのに。

防犯カメラを取り付けたことも書かれていましたが、それは店の食材やお酒が不審に思えるほど早くなくなっていたからです。ちょっとおかしいということになって、店内に取り付けました。２階にも取り付けたのはペットの様子を見るためです。私のスマホでカメラの映像を見られるようにしていました。

『週刊新潮』が出た直後、「もう店もやめようよ」って話を仲本さんにしたんです。「こんなに週刊誌に出されて、私もカレー屋やめたし、家もここ引き払って、新しいおうちを探そう」って。

まず2階をきれいにしようってことになって、「仲本家」で飼っていた犬と猫を友人たちに預かってもらうことにしました。預かってもらったのは、２０２２年10月15日の土曜日だったと思います。

なんで言ってくれなかった

そのとき犬を４匹と、マルと名付けた猫を１匹飼っていました。マルはスコティッシュフォールドといって珍しい猫種なんですが、「売れないからもらってくれ」って友人に言われて。犬はラッキーとイチゴとクッキーとパピー。ラッキーは横浜に連れて行ったので、「仲本家」には3匹いました。

イチゴは渡部絵美さんに預かってもらいました。ところが、誰かがイチゴを勝手に譲渡しようとしてしまって。しかもそれをX（旧ツイッター）に載せた人がいて。イチゴは区役所に届けを出した正式な登録犬です。それをなぜか保護犬と決めつけ、まったく何の権限もない他人が譲渡先を探していたんです。このままでは渡部絵美さんにも迷惑がかかると思い、急きょ連絡を取って私が引き取りに向かいました。

今、イチゴは私のマネジャーが飼ってくれています。クッキーとマルは東てる美さんに預かってもらい、仲本さんが亡くなったあとにクッキーは東てる美さんの息子さんにもらってもらいました。マルは東てる美さんが「友人にあげてもいい？」って言うので「大事に飼ってくれるなら」って譲りました。手放したのは、仲本さんが死んだショックで心も体もものすごく疲れていたからです。週刊誌の報道後も渡部絵美さんと東てる美さんには支え続けてもらいました。

パピーは近くに住む芸能関係の社長さんに預けました。その後、ボランティアを名乗る人にもらわれたようです。残念なことにパピーだけは行き先がわかりません。この社長は私たちを支え続けてくれた人です。本当によくしてくれました。

仲本さんが亡くなったあと、私はその社長に「君が横浜に行ったからこんなになったんだろう。君が横浜に行かなかったら、こんなことにならなかったんじゃないか」ってすごく怒られて。１９６６年、ビートルズが来日したときにドリフが前座を務めたんですが、そのときに仲本さんが使ったギターを買ってくれたのもこの社長です。仲本さんがお金に困っているのを知って買ってくれました。舞台がやりたかった仲本さんに舞台の仕事をつくってくれたこともあります。その社長に「なんで？」「なんで横浜に行った？」って問われて、「やっぱりお金にすごく困ってたんですよね。本当にお金がなくなってしまって」って答えて。社長は「なんで言ってくれなかった」って言いながら、「お金の問題がなかったら純歌さんは横浜に行かなかったのか？」って。「行かなかったかもしれない」って答えたら「そんなにお金に困ってたのか。言ってくれたらよかったのに」って。社長は泣いていました。

イザワ社長の電話

10月17日の月曜日に仲本さんとイザワオフィスの社長が会うことになったんです。前日の日曜日、私に社長から電話がかかってきたんですよね。で、1時間ぐらいしゃべって。「純歌さんはどうしたいんですか?」って言われて。私が「もう『仲本家』も全部やめて、新しい家を探して引っ越ししたいです」って言ったら、「わかりました。その通りにしましょう」って。

「横浜に行った理由は何なんですか?」とかいろいろ聞かれたから、「釣りにも行きたかったし、釣り仲間もいたし、カレー屋も、昼間店が空いてるからやらないかって言われてカレー屋をやることになった」と説明して。「だから横浜に来たけど、カレー屋もお客さんが入らないし、カレー屋をやめたらもう横浜にいる必要もなくなるので、引っ越ししたいです」っていう話をして。で、「わかりました」って。社長は「じゃあ明日、仲本さんと僕が会うようになっていますから。いろいろとその話を、純歌さんに聞いた話を、僕の口から全部仲本さんに伝えますね」って言ってくれました。社長は私と仲本さんが別居状態でいいのかって心配してくれていたようです。運転免許のことも言っていました。「仲本さん、免許を返納したほうがいいと思うんです」って社長が言うので、「私もそう思います。仲本さんは『嫌だ』って言うと思いますけど」って話をして。

予定通り、仲本さんは月曜日にイザワオフィスの社長と話し合いをしたんですよ。社長に聞いた話を17日には私に詳しく話さなかったから翌日の火曜日に話をしようっていうのと、週刊誌がウロウロしてるから早く来るっていうのが原因で事故に遭ってしまった。

17日の夜もマージャンをして、午後8時半に駐車場で別れました。

駐車場で「朝9時に行くよ」「9時じゃ早いよ」「いや、9時に行くよ」「9時に来なくていいよ」「週刊誌がウロウロしてたんだろ、9時に行くよ。週刊誌がいたら俺が言ってやるよ！」という会話をして。

最後、私は「じゃあ明日ね。本当に気をつけて帰ってよ。飛ばしたらだめだよ。じゃあ明日、気を付けて来てね」と声を掛けました。いつもの白い車で帰って行ったのが、元気な仲本さんを見た最後になりました。

ドリフ辞めさせてほしい

冒頭にも書いたように、10月18日の火曜日は朝6時半から仲本さんに電話したんです。「9時に来なくてもいいんじゃない？」って。「来なくていいよ」「行くよ」というやり取りをして、若いころ見たラスベガスのコンサートのことを仲本さんが話し始めて、いい話だなと思ってスマホに録音して。そのあと、仲本さんの話は前日のイザワオフィス社長との面談に移りました。「俺、きのうドリフ辞めさせてくれって社長に言ったんだよね」って言い始めたんです。驚いて聞いていると、こう続けました。「そしたら、怒られちゃったよ。仲本さんいなくなったら困る、加トちゃんと高木の2人じゃだめなんだって言われた」って。私も言いました。「辞めたらだめじゃん。仲本さんがいてこそドリフだし」って。特番とか、3人のドリフでやる仕事はまだ年に数回ありました。そういうのも「辞めたいんだ」って言っていたので、「やめたらだめ」と。

仲本さんは「でもね、俺もう辞めてさ。名古屋に行ってもいいかなと思うんだよね」って。「え、なんで名古屋なの？」って聞くと、「名古屋にね、『おいでよ』って言ってくれてる歯医者の社長がいるんだよね、歯医者のオーナーが。なんでも面倒見てあげるからって言ってるから、名古屋に行こうかなと思ってる」って言うから、「名古屋もいいね」って。「私たちユーチューブでパチンコの番組やってるけど、名古屋はパチンコの発祥地だしね」って言って、「名古屋にはいっぱい知り合いのママさんがいるから、『コウちゃんうちのクラブに歌いに来てよ』って小遣い稼ぎにもなるかもしれないね、名古屋もいいかもね」なんて続けて。

名古屋行きの話をしたあと、私はこう言ったんです。「でも急に名古屋へ行っても大変だから、とりあえず近場で借りようよ」って。「買い物に便利な一軒家を探そう」って。仲本さんが「いや、マンションだよ」って言うから、「マンションはだめだって。仲本さん耳が遠いからテレビを爆音にするじゃん」って。「マンションは隣から苦情が来たら困るから一軒家にしよう。一軒家だったら文句言われないでしょ」って言ったら「そうだよな」って言ってくれて。

運転免許の話もしたって言っていました。「車もね、きのう社長に返納しろって言われたんだよね」って。私も「絶対に返納したほうがいいと思うよ。だって危ないじゃん、そんな年になって」って免許の返納を勧めて。仲本さんが「返納したら純歌に会いに行けなくなるだろう」って言うから、「いや、私の方が会いに行くからいいよ。誰かに運転して行ってもらうから」って答えて。仲本さんは「でもまだ返納はいいよ」って言っていました。仕方なく、「でも本当に危ないから気をつけてね」って言って。「今、仲本さんになんかあったら私、何言われるかわかんないよ。本当に気を付けてよね」って言ったら、「うん、わかった」って。

電話が長くなったので、「来てからあと話そうか」って言って。「うん」「じゃあね、気をつけて来てよ。絶対車の運転気をつけて来てよ」って。それが最後の会話でした。

駐車場が空いていれば……

仲本さんが事故に遭ったのは2つの偶然が作用しました。一つは午前9時に間に合わなかったことです。間に合わなかったから急いで道路を渡ろうとしたんだと思います。もう一つは、これが決定的だったんですが、いつも停めている駐車場が満車だったことです。満車になることなんてほとんどないのに、その朝は満車だった。だから仲本さんは少し離れた駐車場に車を停めて、片側2車線の大きな道を渡ろうとした。急いで渡ろうとしたから、2車線の向こうに右折レーンがあることを確認せずに小走りで渡ろうとした。中央線寄りの車線にトラックが停まっていて、左を見ながら道路を渡ろうとしたとき、右折レーンを右から走ってきたワゴン車と衝突してしまった。

すでに書きましたが、ワゴン車がスピードを出していたわけではないんです。強く当たったわけではなくて、トンという感じで当たったようで。ただ、当たったところが悪かった。ワゴン車ですから、車高が高い。頭が車体に当たって、当たりどころが悪くて、血が頭の中にたまって。

警察の車で病院に行ったとき、「医者から説明がある」と言われました。「それよりも会わせてほしい」と頼むと、ICUに入れてくれました。仲本さんが横たわっていました。ほんの数時間前に「もし週刊誌の記者がウロウロしていたら俺が純歌を守ってやるよ。純歌は何もしなくていいから、俺が追い払ってやるから」と言っていた仲本さんが無言で横たわっていました。泣きながら仲本さんの手を握って、「守ってくれると言ったじゃないの。帰ってきてよ、早く目を覚まして」と叫び続けました。涙が止まりませんでした。

しばらくたってから別室で医師の説明を受けました。

「もう二度と意識が戻ることはありません」と聞いた瞬間、私は「いやーっ！」と叫んで部屋を飛び出していきました。病院の外に走り出ようとしたとき、イザワオフィスのマネジャーに肩をつかまれたのは冒頭に書いた通りです。マネジャーに「行きましょう」と促されて医師のところに戻りました。医師はこう説明してくれました。

「運び込まれてきたのが仲本工事さんということは知りませんでした。本当はお年からして手術まではふみこまないのですが、心臓と血圧が正常だったので手術をしました。もし手術をしていなければ、亡くなった状態で対面されていると思います」

レントゲン写真を出し、医師はこう続けました。

「頭蓋骨を外した状態です。脳幹が衝撃で真ん中にない状態です、脳幹とは心臓を動かしたり息をしたりする場所です。そこがズレているので、後頭部の骨を外しています。今は人工呼吸器をつけていて、自発的には呼吸はできていません」

残酷すぎるほど残酷な現実でした。

加藤茶さん、高木ブーさん、渡部絵美さん、東てる美さんが病院に駆けつけてくれました。あとは仲本さんの40年来の友人と、仲本さんが娘のようにかわいがっていた子。この子が前に書いたＣＡの子です。名前はゆきちゃんといって、早く亡くなった父親が仲本さんにうり二つだったそうです。仲本さんのことを、ゆきちゃんは本当のお父さんのように慕っていました。高知出身のせんちゃんも駆けつけてくれました。せんちゃんはずっと仲本さんの足をさすっていました。「足をこすると、少し心拍数が戻った気がした」そうです。仲本さんに奇跡が起きるよう、仲本さんが助かるよう、みんなが願っていました。前の日、仲本さんと一緒にマージャンをしていた浜口さん（仮名）も駆けつけてくれました。

浜口さんも昔からの仲本さんの友人です。仲本さん、浜口さんに勝ちたくてマージャンをしていたようなところもあるんです。浜口さんは当日の朝も仲本さんの話を聞くために午前9時に私の家に来ていました。前日夜、仲本さんが「あしたの朝、もし浜口さん来れるんだったら来てよ」って頼んで。「イザワの社長と話したから聞いてほしいんだ」って。浜口さんは「俺も聞いていいの？　でも俺、仕事があるからお昼前に抜けるから」って。仲本さんの事故がわかったのは、浜口さんが仕事に戻ったあとでした。

そのほか病院に来たのはうちの従業員と私のマネジャーと私の息子。もちろん仲本さんの息子さんと娘さんも来ました。

架空だった「おまえのせい」

私が加藤茶さんに「おまえのせいだ」と言われたって書いた週刊誌がありましたが、それも嘘です。加藤茶さんも高木ブーさんも無口でした。「すみません、こんなことになって」って私が頭を下げると、「うん」と言っただけでした。お通夜でも「お前のせいだ」なんて言われていません。誰からもです。

お通夜と葬儀は品川区西五反田の斎場で執り行いました。

私は仲本工事の妻なので、当然、喪主を務めるつもりでした。でもイザワオフィスから「奥さんじゃないでしょう、籍入ってないんでしょ」って言われて。「純歌さんが喪主をやるならお金は払わないけど、喪主をやらないっていうならお葬式代出します」って。私、「どういう意味ですか」って聞いたんですよ。だって私が奥さんじゃないですか。そうやって反発はしたんですが、仲本さんの子どもたちの意見としたら、やっぱりお葬式って初めてだし、私も自分が喪主になってやるっていうのは初めてだし、お金が払えるのかなあっていう不安もあって。子どもたちが「純歌さんが喪主にならずに、イザワオフィスの社長に払ってもらうことにしましょう」と言って。それでイザワオフィスに「お願いします」って。

私、それよりもう仲本さんが亡くなったショックのほうが大きすぎて。「もうどうでもいいや」みたいな気になっていたんです。朝、仲本さんに電話したら「週刊誌がウロウロしてたんだろう」って。「いたら俺が言ってやるよ」って元気に言っていた人が、私のところに来ようとして人生終わってるじゃないですか。「俺が言ってやるよ」ってさっき話していた人が突然いなくなったショックは、週刊誌に書かれるよりもよっぽどつらかった。病気で死んだとかなら覚悟ができるけど、前の日までマージャン一緒にやって、「じゃあ明日ね」って別れて、朝も電話で話した人が来なかった。そんなことが起こるなんて。

週刊誌も嘘ばっかり書いてるから、「違う！」「違うのに！」って思い続けてきたけど、それよりも仲本さんがいなくなったことはどれだけショックだったことか。ほんとにもう、死にたかった。

週刊誌に「戒名料ネコババ」みたいなことを書かれましたが、あれも嘘です。順序だてて言うと、イザワオフィスの社長が「志村けんさんのときもお金を渡したので、戒名代を、仲本さんのときもお金を渡したいんですけど」って言ってくれたんです。「渡したお金を純歌さんがどうしようが構いません。生活に困っているっていうのなら幾らか取って、お坊さんに幾らか渡したらいい。親しい人なら分けて構いませんので」って。お金は「明日渡しますので」って。

それを言われたのがお通夜の前日でした。私、それを周りのスタッフに話したんです。お通夜のこととかお葬式の打ち合わせが夜まで続いて、朝から何も食べていなくって。隣が焼き肉屋だったので、スタッフもおなかがすいてるだろうと思って、午後7時くらいにみんなを焼き肉屋に連れて行った。そこで話したんですよ。葬儀会場は週刊誌にばれていないかもって思ったんですが、ばれていたんですね。焼き肉屋に週刊誌の記者が入って来て、客のふりをして聞き耳を立てていたみたい。内輪同士の話だから、私こう言ったんですよ。「なんかお坊さんがねえ、お金をね、取ってもらっていいって言われたけどね。私そういうの嫌なんだよね。私がいくらか取って、なんか山分けしたみたいなことを言われても嫌だし。たぶん私の知り合いだから、もしそのお金を渡したら『純歌さんも生活大変でしょう。僕は半分でいいですよ』って言いそうな気はするけどね」って。「でもそんなの嫌じゃない。受け取るつもりはないよ」という話をした。

それを断片的に聞いたんでしょうねえ、後日、週刊誌から電話がかかってきて、「戒名代ネコババしようとしたんでしょ」って言うから「しませんよ」って。何度も否定したのに、「半分取ったらいいって言われると思う」という部分だけが週刊誌に出ているんですよ。いくら否定しても自分たちの思い込みを書く。そんなことばかりでした。そもそもイザワオフィスからお金はもらっていません。お通夜の日、社長に「やっぱりお金は受けとるわけにはいかないので、息子さんに渡して、息子さんから（お坊さんに）渡してもらってもいいですか」って言いました。

きれいだった仲本さん

そのお坊さんは仲本さんとも親しい間柄でした。ライブに一緒に行ったり、かなり以前から親交がありました。高尾山のお坊さんです。私は釣りにも何回かご一緒したことがあります。釣りをしているとき、船の上でそのお坊さんにいろいろとうかがったことがあるんです。「死んだとき、なぜお通夜があると思います？」とか「なぜ四十九日があると思いますか？」っていう話を。お坊さんによると、死んだ当初は自分が死んだことがわからずに上から見ている。お経を上げているときには段階があって、一番最初にどこそこに行って、次はどこそこに行って、「それをしなかったらあの世に行けないんですよ」っていう話を深くしてくれて。だから葬儀は絶対にその人に頼みたかったんですよね。

そのお坊さんが、「死んだ人の写真というのは、撮ってあげてください」って。「撮っていいですよ」って言ってたんです。で、うちの従業員が写真に撮ってたんだけど、それはお坊さんからも許可を取って、「それは大丈夫ですよ。撮っても大丈夫なものなんですよ」って言われていたからなんです。だから私も撮ったし、その従業員も撮った。そのお坊さんから「いいですよ」って聞いたからこそ撮っていたんですよ。週刊誌には私が高木ブーさんの娘さんに注意されたって出ていましたけど、注意されたのは私じゃなくてうちの従業員です。「仲本さんをそんなふうに撮らないで」って、「身内はいいと思うけど、あなた身内じゃないでしょ」って。

それが、私が怒られたことになってて。週刊誌が書いていることは嘘ばかりだった。従業員は「え、だめなんですかねえ」って言ってました。「だって純歌さんも撮ってらっしゃるし」みたいなことを言ったら、「だって純歌さんは身内でしょ。あなたは違うじゃない」って。従業員は「お坊さんがいいって言いました」っていうことを付け加えたかったらしいけど、そのまま引き下がって「すみません」って言ったみたい。

私、お棺の中の仲本さんを撮りました。人に見せるものではなく、自分の心にと思って。あのとき、昨日まで元気で、普通に、朝も電話で話して、「今から行くね」って言った人が、病気で死ぬんじゃなくって、突然死んだら、何か残したいっていうのが心情だと思う。ちょっとでも、もう髪の毛1本でもいいから残したい。病気で覚悟をして死なれるのと、朝、電話で話した人が、急に事故に遭って死んだのとでは、気持ちのありようが絶対に違うと思う。もう、何か残したいって思った、あのときは。人になんて言われようが、もう別れるのがつらくて。「今から行くよ」って。「週刊誌ウロウロしてたんだろう。俺が行って言ってやるよ」って言って。小走りで走ってきてたらしいけど、9時に遅れたから急いで来てたんじゃないかな。

高木ブーさんが写真をいっぱい仲本さんの上に飾ってくれて、お花もいっぱいになって、私のCDも飾って、仲本さんとの2人の写真も飾って、お棺の中できれいになってるところを写真に撮って残したいと思った。それを人に見せびらかすわけでもないし、誰にも見せない。見せられるものじゃないじゃないですか。写真に収めたのは葬儀の終わり、棺を閉める寸前のことでした。もうこれでお別れだ、と覚悟を決めたときのことでした。

霊柩車の助手席には仲本さんの息子さんが乗りました。その日の朝まで私が「霊柩車に乗ってくださいね」って言われていたんですよ。でも、朝になったら覆っていました。「やっぱりあの、息子が乗るみたいなんで」って。「本当?」って。私も週刊誌に写真を撮られるかもしれないと思って、「うん、それならそれで」って言って。悲しかったですね。仲本さんは「籍に入ってなくても奥さんだ」ってずっと言っていたのに。

私の愛人って誰?

仲本さんが亡くなったあとも週刊誌のバッシングは続きました。呆れたのは私の愛人と称する男の話です。誰だかわかっています。もちろん私との関係なんてありません。芸能界の友人から紹介されたので信用したんですよね。「ピンクローズ」によく来てお金も使ってくれるし。支払いのときには「お金はいっぱいあるんだ」って、プラチナカードっていうのかな。一番高いカードを見せびらかして。「俺こんなの持ってるんだよ」って。いつもそれをするような男の人でした。店の外に飲みに出ることもありました。仲本さんも一緒に行くこともありました。遠くから車で飲みに来ていたので、私が荷物置き場にしていたマンションを借りてくれないかって聞いたこともあります。荷物置き場のためにマンションを維持するのが困難になってきていたので。

私を恨み始めたのは、たぶん「ピンクローズ」を出入り禁止にしたことがきっかけだったと思います。店の女の子になんかすごくひどいことを言ったので、「もう二度と来るなー!」って外に締め出して鍵をかけたんです。「ピンクローズ」にはそれっきり来なくなったんですが、いつの間にか「仲本家」には出入りを始めていたようです。私の愛人だったというのは、たぶん自分から週刊誌に売り込んだんでしょうね。信頼できる友人の紹介だからと安心したのが間違いでした。

行きつけだった横浜のマージャン屋の息子さんが仲本さんの隠し子で、その隠し子と私ができてるっていう話もどこかの週刊誌に書かれていたみたい。私はその週刊誌を見た息子さんから聞いたんですが、息子さんは「笑っちゃうよね、俺びっくりしたよ」って。「俺、仲本さんの隠し子でさあ、純歌さんとできてるって書いてあるの」って。私の周りにいる男の人を、片っ端から怪しい関係のように書いていたようです。週刊誌って、いったん妄想を組み立てたらいくら否定しても聞く耳を持たない。妄想をそのまま記事にする。で、活字になったらそれらしく見える。怖かった。

「ピンクローズ」の二階の写真が何枚も週刊誌に載ったこともありました。意識的に荷物を崩して乱雑さを強調していました。だらしなさを出すためでしょう、食べかけのリンゴも置いていました。仲本さんも私もリンゴの丸かじりなんてしません。おまけによく見ると、写真は合成されたようにも見えました。こんなことができる人間は限られています。店の防犯カメラが壊されて中のチップが盗まれていることもありました。これも限られた人間だからできることです。ひょっとすると都合の悪いことを撮られてしまったのかもしれない。誰かはだいたいわかっているんですが……。犯罪ですよね。

葬送曲差し替え

そういえば、代引き（代金引換）で私が毎日のように数千円から20万円の買い物をしているって『週刊新潮』が書いていましたが、あれも嘘です。代引きは利用していました、私も仲本さんも。仲本さんは通販番組を見てあれこれ注文する人で、補聴器や、手元に持ってこられるスピーカーを買っていました。あるときは「純歌、これ買ったよ。乗っただけで痩せるから」ってトレーニング器具みたいなのを買って。私は洋服ですね。20万円とか書いていましたが、嘘です。私が買うものなんて高くて7000円とか、だいたい3900円とか。1万円を超えるものなんてありませんでした。

葬儀で私と仲本さんのデュエット曲『この街で』を流していたことを批判する週刊誌もありました。もともと私たちは家族葬のつもりだったので、仲本さんが好きだったこの曲を流していたんです。それが自然だと思ったし、それに対して別に誰も何も言っていなかった。ところが出棺の直前にそれがドリフの歌に変わったんです。私は何も知りませんでした。

『この街で』は新井満さん作詞、新井満さんと三宮麻由子さん作曲です。仲本さんを送るにはドリフのズンドコ節よりもこの詞のほうがふさわしいと思ったんですが……。詞の前半はこれです。

この街で生まれ　この街で育ち
この街で出会いました　あなたとこの街で
この街で恋し　この街で結ばれ
この街で　お母さんになりましたこの街で
あなたのすぐそばに　いつもわたし
わたしのすぐそばに　いつもあなた
この街でいつか　おばあちゃんになりたい
おじいちゃんになった　あなたと歩いてゆきたい

坂の上に広がる　青い空
白い雲がひとつ　浮かんでる

あの雲を追いかけ　夢を追いかけて
よろこびも　かなしみも　あなたとこの街で

第五章
新たな日々へ

悲劇は他人事だった

仲本さんが死んだあと、私はもう生きていたくないと思った。それはもう世間の批評、こうだったからこうなったんだ、お前のせいだって言われたこともショックだったけど。っていうか、加藤茶さんは言ってないんだけど、世間は週刊誌が書いてることが本当だと思ってるから、世間が私を見る目がそうなっちゃったんだろうなって思ったら、一人ひとりに「違いますよ」って言って歩けもしないし、かといって週刊誌を訴えたってなんにもならないだろうなって思って。

でも、つらさからいえば仲本さんがいなくなったことが百パーセントつらかった。あんなつらいことあるのかなあと思った。あんな悲劇なんかないよね。交通事故とか、韓国ドラマとか、それまでは他人事だったから。自分がそんな思いをして初めてつらさがわかった。仲本さんは人生最後、「純歌のところに行かなきゃ」っていうところで死んでるから。「週刊誌がいたら俺が言ってやる」って思いながら死んだんだって考えたら、もうやるせなくて。だって仲本さんとは毎日一緒にいたし、気持ちも通い合っていたし。夫婦だったし。私の生涯で一番長い時間一緒にいたのは仲本さんだったし。

私の友人たちは「純歌ちゃんといたからこそ、仲本さんは楽しく暮らせたんじゃないか」って。「やらなきゃいけないっていう使命に燃えて、若く元気でいられたんじゃないか」って言ってくれて。「そこまで純歌が落ち込まなくていいよ、あれは不慮の事故なんだから」って励ましてくれました。「純歌ちゃんでなかったら仲本さんってもっと早く病気になってるんじゃないの」とか、「81まで元気でいられたのもやっぱり純歌ちゃんと活動したり、純歌のために何かやってあげなきゃいけないとかって活力がわいたからじゃないの」とか。友人たちがいたから私は死なずにすんだと思います。

カバンに1枚の紙

仲本さんが亡くなったあと、何度も死のうと思いました。何回か、死ぬ間際まで行きました。一度目は仲本さんの遺骨を横浜に持ってきたときのことです。横浜の私の家に来る途中に亡くなったのだから、私の家にも連れてきたかったし、好きだった麻雀屋さんにも連れて行ってあげたかったし。私が遺骨を持って、麻雀屋さんとかを回りました。

横浜の家に着いたあとのことです。そのとき部屋には仲本さんのマージャン友だちの浜口さんともう一人の知人がいました。何かきっかけがあったんだったかな。私、急にもうすべてが嫌になったんです。生きていたくないと思ったんです。たまりにたまった気持ちが破裂して、「もうイヤーッ」って叫んで、浜口さんたちの前で包丁を持ったんですよ。そしたら浜口さんが「やめろー」って。その声を振り切って、私、包丁を持って外へ飛び出そうとしたんです。外に飛び出して、包丁で自分を突いて自殺しようと思って。横浜の家って、一軒家の2階部分で、階段が横についているんです。

家を飛び出そうとして止められて。止められてもまた飛び出ようとして。そのとき、浜口さんが泣き崩れたんです。「これだけ純ちゃんのことを考えて、仲本さんにも頼まれたから、純ちゃんのために僕はやってるのに、なんでそんなことをするの！」って。

仲本さんが亡くなったあと、仲本さんが持っていたカバンが私に戻されました。

カバンの中に1枚の紙が入っていました。事故の2日前、イザワオフィスの社長と話した内容です。その前日、イザワの社長と私が話した内容とほぼ一緒だったように思います。家を清掃して、新しい住居に引っ越しをして、2人で住んで、運転免許証を返納して、給料制に移行するようなことが書かれてありました。これから2人で新しい生活をやっていくんだっていう内容です。週刊誌にひどいことを書かれて、もう別れるっていうことじゃなしに、2人で新しい生活をするっていうことを書いた紙を最後に持っていた。イザワオフィスで話したことを私に伝えて、新しい生活についてじっくりと話したかったんだと思います。

朝9時に来なくてもよかったのに。毎日お昼にはいつも来てるわけだし、毎日会って話をしてるわけだし。なぜかその日は「9時に行く」の一点張りでした。「週刊誌がウロウロしてたんだろう、いたら俺が言ってやるよ」って言って。10時ぐらいでもいいじゃない。11時ぐらいでもいいよって言っても、「いや、俺は9時に行く」って。そのときだけは頑固でした。

仲本さんが亡くなったあと、仲本さんの車を見ると一枚のお皿が残っていました。前日、中華料理屋で買った大好きな麻婆豆腐を「お腹空いたら食べてね」と渡しました。目黒の家に帰って麻婆豆腐を食べて、翌日お皿を持って私のところに来ようとしていたんですね、それもきれいに洗って。

よかった、生きていて

仲本さんが亡くなって四十九日の間、最初はホテルにこもり、火葬が終わったあとは仲本さんの遺骨とともに「ピンクローズ」へこもりました。私を一人にさせないために友人たちが来てくれていたんですが、朝になると私はぱっとスマホを開けてしまう。開けると一番最初に自分の記事が出てくるんですよね。毎日のように。気になって、ついコメントを読んでしまうんです。友人たちに「ネットを見てはだめ、コメントを読んではだめ」って言われてても、読んじゃう。読むと、いつもすごいことが書かれてて。私への誹謗中傷っていうか、週刊誌が報道することが事実だとみんな思っていて。それをさらに増幅するようなコメントが書き込まれていて。ひどいコメントがいっぱい並んでいました。もう思い出したくもありません。恐怖を感じました。世の中全体が自分を責めているような、自分に「死ねよ」って言ってるような。ユーチューブにもいっぱいあった。全然知らない人が私のことを批評して、ひどいことを言って。

ネットを見た本人が精神的なショックを受けるのは当たり前だと思う。世間にこんなふうに思われるんだったらもう死のうって私も思って。衝動的に死のうと思ったことは何回もあった。何回か死のうとしたのを、周りの友人たちがもう、どれだけ泣いて止めてくれたことか。

私の場合は「純歌を一人にしちゃあだめだ」っていつも誰かが寄り添っていてくれたから、一人にならなかったから、死ななかった。「ピンクローズ」にこもっていたとき、たまたま一人っきりになった朝があったんです。その日は交通事故の加害者の人がイザワオフィスに来て、事故の状況説明と謝罪をしたいっていうことだったんです。私と仲本さんの子どもたちが呼ばれていたんですけど、私、加害者の人に会う勇気が全くなくて。朝からもう、普通じゃない精神状態だったんですよね。

その日、浜口さんが朝の10時か11時に来ることになってて。私、鍵を閉めたまま、もう嫌や、もう死のうってことばかり考えていたんですよ。一人でずっと固まっているとき、「純ちゃん、純ちゃん」って戸を叩く音がしました。開けませんでした。浜口さんは私が何かしたと思って、元従業員の人に電話をして、鍵を持って来てもらって。店に入った瞬間に私が生きている姿を見て脚がガクガクってなって倒れたんですよ。「よかった、生きていて」って大泣きして。

頭では死ぬ死ぬ死ぬって思ってるのに、体が金縛りにあったように動かなかったんです。たぶん仲本さんが止めてくれたんじゃないかな。浜口さんが入って来たときも、私は椅子に座ったまま固まってた。そのとき浜口さんは私のお母さんにも電話したんです。「どうしても来てくれ、東京に出て来てくれ」って。「純歌さんがおかしいから」って。確かに精神的におかしかった。

みんなに助けられた

EXILEのものまねをしているりょう君っているんですよ。そのりょう君がね、仲本家によく来てくれていて、仲本さんが最初、「EXILEのATSUSHIが来たよ。俺の店にもATSUSHIが来るようになったんだなあ」って感動していたんです。それを聞いた私が「えっ!? 私のカレー屋にも食べに来てって言ってよー」とか言って、仲本さんが「今度来たら言っておくよ」って。しばらくしたら「また来たよ」って。「え、また来た? また来たってすごいね!」って。仲本さんは「電話番号も教えてもらったよ」って。「すごいねえ」って答えて。そしたら「また来たよ」って。私は「ねえねえ、EXILEのATSUSHIってそんな暇なん?」って。「忙しいATSUSHIがそんなに来る?」って。仲本さんは「インスタで友だちになったよ」って言いながら、「でもなんか違うんだよな、インスタの名前が。りょうって書いてるんだよ」って。私は「それ、ひょっとしてものまねの人じゃない?」って言って。

ものまねの人だったんですよ。りょう君。仲本さんは「なんだ、ATSUSHIじゃないんだ」ってがっくりして。「また、あいつが来たよ」ぐらいに扱いが変わったんですよ。「あいつ、しつこいな。写真撮ってくれ、撮ってくれってうるさいんだよ」とか。ATSUSHIじゃないとわかった途端にころっと変わったんですが、そのりょう君が四十九日の間、私のところによく来てくれたんですよね。「私を一人にさせないメンバー」に入ってくれていたんです。

りょう君がねえ、週刊誌やネットの報道被害に遭った人と私を電話でつなげてくれたんですよ。一人は『だんご3兄弟』を歌っていた速水けんたろうさん。速水さんにはすごく励まされました。死亡事故を起こしたあと、速水さんは「人殺し」とかってネットにいっぱい書かれて。「もう死のう」と思って、自殺しようと思っていたそうです。りょう君が速水さんと電話をつなげてくれて、私は速水さんにすごく励まされたんですよ。「純歌さん、ネットは見てはいけません」って。「ネットを見て僕も死のうと思った」って。

ネットは見るなってことはいろんな人から言われました。

お笑い芸人だった楽しんごちゃんも「ネットなんか見たらだめだよ」と言ってくれる一人でした。しんごちゃんは前から知っていて、私のパーティーで歌ってくれたこともあります。私がこんなになったあと、りょう君が連れて来てくれました。楽しんごちゃんもネットでいろんなことを書かれて苦労した人で。「人というのは3カ月たったら忘れるんだから」って。「ネットは絶対に見たらだめ。絶対に自殺したらいけない」って励ましてくれました。お笑いの闇営業で問題になったカラテカの入江慎也さんもりょう君が電話でつなげてくれました。

「ピンクローズ」まで見守りに来てくれたのは、高知出身のせんちゃんや、元C.C.ガールズの人とか、芸能関係の人も、友人も、たくさんいた。ありがたかった。私が自殺しなかったのは、そうやって私を助けてくれた人たちのおかげです。「ピンクローズ」にこもりながら、「私、みんなに生かされているな」って思うことができるようになりました。

高知、帰ってきいや

週刊誌に嘘を書かれて、叩かれて、その混乱の中で仲本さんが亡くなって、ネットでめちゃくちゃ叩かれて、世の中全体が自分に「死ね」と言っているような恐怖を感じて……。あれから1年がたちますが、「これだけのショックを受けたら、普通ならもう生きてないよ」って友人たちが言うんです。「純歌ちゃんは強いね、普通やったらこんだけ書かれたら死んでるよ」って。「よく死ななかった、偉いっ」ってみんなに言われる。

助けてくれたのは友人たちです。どんなに私が叩かれても私に寄り添ってくれた東てる美さんや渡部絵美さんら芸能界の人たち、私を一人にしないように家に来て見守り続けてくれたりょう君やせんちゃん、浜口さんら友人たち。そして地元高知の人たち。

帰るところがあるのは救いだなって思いました。高知に帰ったら、友人たちみんなが笑顔で「お帰り、純ちゃん」って言ってくれるんです。うれしかった。励ましてくれるんですよ。「みんな純の味方やし」って。「仲間や」って。「いつでも帰ってきいや」って。「あんなしんどい東京らあで頑張ることはないき、帰ってきいや」って。

愛宕のお母さんのところで一緒に育った弟分の子がいるんですが、その子は「純ちゃん、帰ってきいや。僕の店、純ちゃんにあげるき」って。「あんた、この店ことし開いたばっかりやんか」って言うと、「純ちゃんが帰って来るがやったらこの店くらいあげる。自分はまた別の店を開くき」って。「空いちゅうスナックがあるき、純ちゃんそこで店やりや」って言ってくれる経営者の人もいました。

みんなが私に希望を与えてくれた。「そうか、私には帰るところがあるんだ」って思いました。帰るところがあるのは本当にありがたいです。

世の中を変えたい

ちょっとだけエネルギーが戻ったあと、「まだ高知には帰れないな」とも思いました。でたらめ書かれたことを覆したかったし、人を殺すほどの誹謗中傷はおかしいと思ったし。このまま何もしないと、仲本さんの死が無駄になるとも思いました。ネットで誹謗中傷を受けて死んでいった芸能人って多いじゃないですか。ここは私が絶対に立ち上がらないといけないなって思ったんです。「自分が傷つかないためにも黙っていた方がいい」「何もしない方がいい」と言う人は何人もいました。声を出せばまた叩かれるかもしれません。傷つくかもしれません。でも私、黙っていられない性格なんです。

16歳で出生の秘密を知って自殺しようとしたとき、「このまま死んではだめだ、絶対になにものかになってやる」って思いました。今、こんなことを考えるんです。私の生まれてきた意味は報道被害やネットの誹謗中傷に立ち上がることじゃないかな、と。自分のためじゃなく、人のために立ち上がって世の中を変えようとすることが私の生まれてきた意味じゃないかな、と。世の中を変えるなんて、どうやってやればいいかまだわかりません。でも「こんなことはおかしい」「止めないといけない」と声をあげるのは大事なことだから。

ネット社会になって、自分の名前が知られないからってフラストレーションを発散するために悪口を書き込む人がたくさんいます。ターゲットにされるのが芸能人です。週刊誌は週刊誌で嘘を報道します。嘘でもなんでも、読まれるものを書くのが週刊誌のやり方のように私は感じます。それによってこれまでに何人の芸能人が自殺したことか。嘘を報道したり、陰に隠れてひどいコメントを書いたり、そういう嫌がらせをして死者まで出すような世の中ではいけない。おかしすぎると思います。

どうやって生き返れたの!

仲本さんが亡くなってもうすぐ1年になる2023年9月4日、「仲本家」と「ピンクローズ」として借りていた家を、どちらも大家さんに戻しました。『週刊新潮』は「仲本家」の家賃を滞納していると書いていましたが、仲本さんが亡くなったときに滞納は全くありませんでした。大家さんに「元のようにしてほしい」と言われ、「仲本家」はガレージだった当時に近い姿にしました。芸能人のサインがあった壁はきれいにはがして、またいつかどこかで「仲本家」を再興できるように保管してもらっています。「いつかまたやれるんだ」っていう思いがあれば心の支えになりますから。

節目となった9月4日、仲本さんが夢に出てきました。「純歌、そろそろ行くねっ」って言うので、「ちょっと待ってよ! まだいかないでよ。明日は歌の仕事だよー!」って。翌日、歌の仕事が入っていたんです。「お願いだから行かないで!」って叫んで。

仲本さんは夢によく出てくるんですよ。最初は亡くなって2週間もたっていなかったころ。私が「ピンクローズ」で寝ているとき、夢の中で店に入って来たんです。私は仲本さんに抱きついて、「仲本さーん」って。「会いたかったよー」って号泣して。「どうしたんだよ」と笑って奥に入っていこうとするから、「どうやって行き生き返ったの?」と聞くと、それには答えず、「今ね、自転車に乗った子どもが店の前で純歌の悪口を言ってたから怒ってきたんだよ」と言って。そこで目が覚めました。

最初のころは仲本さんが生き返る夢ばかり見ていたなあ。

そのたびに私は号泣して、「どうやって生き返れたの!」って言いながら、手を握り、体に抱きついて。夢の中でも仲本さんが死んだことはわかっていて、「どうやって生き返ったの?」としつこく聞くと、あるときはこう答えました。「なんか、何世代も前に一回いってたんだよ。お侍さんがいるころに。そしたら斬られた瞬間だったかなぁー、気づいたらここにいたんだよ」って。

仲本さん、来てる

カラオケをしていたら、そこにいきなり仲本さんが現れる夢もありました。泣きながら

「どうやって生き返ったの？」と聞いたら「なんでかわからないんだよ」って。さんざん泣いたあとに「久しぶりにデュエットしよう」と言って『この街で』という私たちの歌をデュエットしたり、英語の歌をデュエットしたり。

生き返る夢を見るたび、そのときはうれしくて泣きまくるんですけど。夢が覚めたあと、「夢か……」って。「これが現実なら」っていつも思っていました。

仲本さんを思い出さない日は1日もなくて、白い車が通ればその車の窓ガラスの向こうに仲本さんが見えたり、どこに行くにも仲本さんが白い車で送って行ってくれた姿を思い出したり。この1年、本当に泣いて泣いて。私、人前で泣いたことなんかなかったのに、涙腺がゆるゆるです。

事故当日の朝、6時半に電話したときに「どこに引っ越す？」という話もしたんです。だから、「仲本さんが生きていたら、自分たちどこで生活していたかな」と就寝前に物件を見るのが日課になってしまいました。毎日、「もし、ここに住んでいたら」ってシミュレーションをしてみるんです。

仲本さん、事故の朝はどうしても9時に来るって言い張ったんですよね。「記者がウロウロしてたんだろう、俺が行って言ってやるよ！」って。その言葉が耳から離れません。

悲しくて悲しくて。私のために来てくれていたときに亡くなったのが、本当に残念で、悲しくて、会いたくて。

そういえば、２０２３年9月4日に店をすべて返すとき、店内をきれいに掃除したんです。床を何度も何度も拭いたんですが、何度も拭いたはずの床の真ん中に銀紙がふっと載っていました。タバコの銀紙です。何度も拭いたあと、振り返ると小さな銀紙があって。「あ、仲本さんが来てる」と思いました。

仲本さん、９月４日のあとは夢に出てきてくれないなあ。

もうあの世に行っちゃったかな。

あとがき

私のモットーは、「人を傷つけることと、犯罪と、命にかかわるような危ないことをしなかったら何をやってもいい」です。生きているときにしか、人に触ったり、ぬくもりを感じたり、しゃべったり、楽しいことが味わえない。生きているからこそ、人に集まってもらって、人とかかわりあえる。みんなが楽しい姿を見るのが私は大好きだった。仲本さんもそう。食事会をやって、自分はご飯を食べられなくて、私も食べられなくて、最後に料理をみんなに持って帰ってもらって、終わったあとに自分たちはペヤングの焼きそばを食べても楽しかった。人が楽しく笑う姿を見るのが、私も、仲本さんも大好きだった。

だからお店もいっぱいやってきたし、みんなが笑顔になることをやってきた。歌もそう。人が歌を聞いてくれて、喜んでくれる姿を見たいからこそやってきた。人とかかわるのが大好きでやってきたけれど、今は「人ってどうして愚かなんだろう」と思う。みんなよくなれと思って今までやってきて、本当に今回いろんな人がいるんだなっていうことがつくづくわかった。人を嫌いになりたくないし、嫌いなんて思いたくもないのに、ここまでいろんな思いをさせられると、「これは何なのだろう」と思ってしまう。

週刊誌の嘘がネットのコメントを誘い、燃え盛るコメントを引用してまた週刊誌が書き立てる。ネットにコメントを書く人は気軽な気持ちだろうけど、書かれるほうは自殺を考えるところにまで追い込まれてしまう。「違う！」と思っても声は届かない。見るなと言われてもネットを見てしまって、見たら死にたくなる。世の中全体が自分に「死ね！」と言っているような錯覚に陥ってしまう。経験したからこそわかるけど、世の中全体が自分に「死ね！」と言ってくるんです。街を歩いてもみんなが自分を責めているように思う。恐怖です。逃げ場がない、死ぬしかない。そんな気持ちになってしまう。

生まれる前の記憶のことを本文に書きましたが、ずっと一人ぼっちだったあと、久しぶりに生まれ変われるって聞いたとき、私はすごくうれしかった。走馬灯のように自分の人生がバーッて流れて、「こんなにつらい思いをするんだったら生まれ変わりたくない」って思って。その瞬間、「今生まれないと、二度と会えないよ」って背中を押され、ストンと落ちて生まれ出た。仲本さんが亡くなって初めて、「二度と会えないよ」って言われた相手が仲本さんだったとわかった。

年が離れているので、「仲本さんが亡くなったあと、私はさまよう人生になるのかな」っていうのはずっと心の隅にありました。仲本さんはそのことをわかっていて、私を自由にしてくれました。温かく笑顔で見守っていてくれました。私も仲本さんに「そうじゃないよ」とよく言って。仲本さんが健康で元気だったから私もなんでも言うことができた。仲本さん、81歳だけど元気だったから。

私、今、仲本さんはどこに行ったんだろうかって考えます。死後の世界があるなら、どこにいるのかなって。

最近、臨死体験した人の動画を毎日のように見ています。死の直後、上から見ていて、お迎えが来てから三途の川を渡ったのかな。でも私のことが心配で、まだそばにいるのかもしれないな。亡くなった川島なお美さんが私のところに来たとき、「私はあの日のままなのよ」って言っていました。死んだら魂になってしまうのならば、その魂は、仲本さんは、今どうしてるのかって毎日考えてしまいます。

本文の最後にも書きましたが、私が生まれてきた意味は報道被害やネットの誹謗中傷に立ち上がることじゃないかな、と思い始めています。少なくとも声を出すことかなと思います。この本はそのために作りました。本を出したりしたらまた攻撃される、やめておいたほうがいいというアドバイスもいただきましたが、このまま私が何もしなかったら、また同じような犠牲者が出ます。少なくとも仲本さんと私をめぐる真実だけは多くの人にわかってもらいたいと思いました。

急いで作りたかったので、私が話す内容を聞き書きの形で文章にしてもらいました。

自殺しそうになる私を見守り、寄り添ってくれた友人たち、私の３人のお母さん、家族、そして天国の仲本さん、仲本さんのお母さん。

私の周りのすべての人にこの本を捧げます。

２０２３年11月

聞き書き人のあとがき

依光隆明（元高知新聞、朝日新聞記者）

高知と岡山を拠点に活動する歌手の「う～み」から電話がかかってきたのは２０２３年４月17日の午後だった。

私は前年の３月末に朝日新聞を退社し、高知に戻っていた。う～みから連絡がくるのは高知に戻って初めて。「久しぶり」とのんびり電話に出た私に、う～みは切迫した調子で「聞いてほしい話があるんです」と話し始めた。「友人が自殺を考えるところにまで追い込まれているんです。助けてあげてください」

とりあえず指定の喫茶に行った。う～みから話の概略を聞き終えたとき、純歌さんが現れた。協力をお願いされた。

週刊誌に嘘を書き立てられ、ネットで批判にさらされて自殺を考えた。高知に戻って友人のう～みに会って話をしたら、信頼できる人に本を書いてもらうべきだと言われた。

純歌さんは真剣だった。「週刊誌から電話がかかってきて、『こうですよね』と言うから『違います。こうですよ』って言っても、書くのは『こうですよね』の内容ばかり。何を言っても通用しない」と訴えていた。「事実を書くのなら仕方ないけど、作り話まで書いて人を生活できないくらい追い込むのは許せない。どうして調べもしないことを書くのだろう」と。「報道の自由っていうことでこんなことが許されるんですか?」とも。

モンスター妻、老人虐待、嘘つき、乱倫、ゴミ屋敷、スキャンダル連発……。週刊誌の見出しだけでもすさまじい。ネットのコメントが拍車をかけ、一時は自殺を考えても不思議がないほど純歌さんは追い込まれていた。ネットで標的にされたがために死を考えた人は私の身の回りにもいる。ネットの恐ろしさは、書き込む側に罪の意識がほとんどないことだ。罪の意識がないから何度でもやってしまう。増幅する。もちろんネットだけが悪いわけではない。テレビも新聞も週刊誌も、ネットの言説を取り上げる。自分たちが火をつけておいて、ネットで燃え盛ったらそれを取り上げてさらに燃料を与えることもある。NHKをはじめ、テレビ局のネットへのすり寄りはことに著しいように見える。

40年も報道の現場にかかわった者として無関係ではいられないな、と思った。純歌さんは広い意味での報道被害に遭っている。自殺を考えるところまで追い込まれ、協力を求めている。

芸能界のことなんて興味はないが、個人的には広末涼子が不倫したっていいじゃないかと思っていた。それは広末の家族の問題だし、世の中にはもっと真剣に見極めるべき問題がいっぱいあるだろう、と。芸能人は公金で生活しているわけではないから公人には当たらないのではないか。税金で生活している財務官僚のほうが二枚舌、三枚舌を駆使してはるかに破廉恥な世渡りをしているではないか、などとも思っていた。

私の感覚と純歌さんの思いが一致したのは「一石を投じる」ということだった。私は書かれた側、追い込まれた側の主張を世に出すことで一石を投じたいと考えた。日本の報道は、ときに奔流となって同じ方向に突き進む。そんなときこそ「それ、違うんじゃないの?」という声を表に出すことが欠かせない。

今の世のキーワードは不寛容だと思う。純歌の態度が許せない、広末の不倫が許せない、闇営業が許せない……。不寛容の広まりに社会病理めいたものを感じるのだが、さらなる問題はそれを煽ってビジネスにする仕組みにある。〇〇がこんなことをしましたよ、と書いて読者の不寛容を煽る。不寛容な病理をさらに煽って売り上げを伸ばしながら、肝心の「こんなこと」は事実関係すら怪しい。極言すれば「こんなこと」が事実である必要はないのである。匿名の証言者を数人登場させて「こんなこと」を語らせればいい。匿名だから言い放題、書き放題。「文句があれば訴えろ」と言われても、即座に訴えることができるのは権力者を中心とする「強者」だけだろう。ところが筆鋒が強者に向くことは少ない。常に的になるのは「弱者」である。弱者は対抗手段を持たない。下手に答えると言葉尻を捕らえられてさらなる窮地に追い込まれる。

2022年10月以降の純歌さんがそうだった。書かれ放題書かれてもなすすべもない。訴えるといってもやり方が分からない。そんな中、一緒に怒ってくれていた夫が事故で死ぬ。相手が弱ったことを見て週刊誌はさらに書きまくる。水に落ちた犬を叩くだけたたき、ニュースバリューが薄れたと思ったら次の的を探す。的になった方は死ぬか生きるかの瀬戸際まで追い込まれるのだが、そこに目を向けることはない。要するにビジネスなのだ。純歌さんは「報道の自由ということで、こんなことが許されていいんでしょうか」と言った。しかし報道の自由と不寛容ビジネスは対極にある。純歌さんを追い込んだ週刊誌にしたところで、あの書きぶりで「報道の自由」を振りかざすことはないだろう。

週刊誌にネタを垂れ込んだ人物も実はわかっている。しかし問題はその人物ではない。それをビジネスにする仕組みが問題なのだ。悪意を持って持ちこまれたと知りながら、タレコミに沿ってストーリーを決め、形だけの取材をして狙い通りに書きまくる。そのようなストーリーが読者に受け、おカネにつながる。ビジネスになる。延々とこんなことが続いていいのだろうか。結論は「一石を投じよう」だった。

本を出すなら仲本工事さんの記憶が世に残っているときがいい。

第一回の聞き取りは4月21日に行った。以後、純歌さんが帰高するたびに話を聞いた。喫茶店、ホテルのカフェ、純歌さんの実家などなど、聞き取りの場所はその都度選んだ。仲本さんの話になると、純歌さんは涙を流しながら話をしてくれた。報道への怒りと、仲本さんを思う気持ちが常に交差していた。

この本は報道被害者の肉声でもあり、仲本工事さんへの鎮魂歌でもある。私はドリフターズ世代で、特に好きなのが加藤茶、仲本工事だった。といってその人物像を知っていたわけではない。この聞き書きで、仲本工事という人の沿革を知った。性格やしぐさ、癖も知った。知るたび、なんとも魅力的に感じるようになってきた。ドリフの仲本工事と、純歌さんの夫の仲本さん、そして沖縄にルーツを持つ仲本興喜が重なり合った。

事故さえなければ仲本さんの人生は長く続いたと思う。新居に移り、ときどきはイベントに出演し、純歌さんと舞台に立ち、たまに高知へ戻ってきて……。「週刊誌、ひどいこと書くよねえ」「あのときは参ったねえ」なんて言っていたかもしれない。まだまだ生きて笑顔を振りまいてほしかった。合掌。

２０２３年11月21日

編集付記

『週刊新潮』の暴走にみる報道被害

リーダーズノート編集長　木村浩一郎

「この本が出てしまうと、また純歌さんが週刊誌に追い回されたり、あるいはネットでバッシングを受けたりするかもしれませんよ。それでもし……」

ザ・ドリフターズの仲本工事さんと12年近く交流のあった窪田正二さんという男性が、出版会議でそのように発言したとき、仲本さんの妻、三代純歌さんは「それでも私は闘います。もう失うものはないから」と言い切った。

週刊誌によるバッシングですっかり衰弱してしまい、ライターや歌手、タレントなど周囲の人たちが家を訪ねて彼女を見守ってきたころには、とても純歌さんはそんなことを言える状態ではなかったと窪田さんらは証言する。周囲の仲間は、いわば命の危険を察知して助言するゲートキーパーの役割を担ってきたようだった。

あらためて純歌さんの決心を聞いた翌日の２０２３年11月14日。旧ジャニーズ事務所の性加害問題で被害を受けたと名乗り出ていた男性が、ＳＮＳなどで誹謗中傷されたことを苦に自殺していたというニュースが駆け巡った。命が奪われて初めて、被害の深刻さが露わになるというのは皮肉なものである。

本書の本文にも登場する、仲本工事夫妻に対する週刊誌バッシングとは具体的には、どういうものだったのか。

「『週刊新潮』の暴走に、その他の週刊誌が安易に追従して彼女を追い込んだ」というのが、この手記を手伝い、話を持ち込んできた元新聞記者であるジャーナリスト、依光隆明さんの見立てだった。その追い込まれた側の主張を世に出すことで、社会に一石を投じたいのだという。依光さんのようなジャーナリストが聞き取っているのであれば、相応の意義があるのだろうとこの出版を引き受けた。彼の目の確かさ、面白さ、手腕などを知って既に30年以上が経つ。その歳月もまた彼への信頼に繋がっていた。

問題の発端は２０２２年10月13日に全国書店で発売された『週刊新潮』の記事で、女性週刊誌までもが、その記事を引用、便乗して記事を書きＳＮＳをかなりヒートさせていた。

近年、オールドメディアと揶揄される週刊誌の発行部数というのは、全体的に右肩下がりである。『週刊新潮』の場合も、御多分に洩れず２０１２年の約58万部から約30万部にまで落ち込んではいる。しかしインターネット上の『デイリー新潮』のPV（ページビュー）は桁違いに多く、月間PVは1億を超えている。ここから記事の一部がいち早く拡散されるため、普段は、週刊誌などは手に取らない層も焚き付けられる。デジタル・タトゥーと呼ばれて久しいが、ひとたび記事がインターネット上に拡散されると半永久的に、まるで入れ墨のように残されてしまう。純歌さんの受けた被害が甚大になったのも頷ける。

話を聞いただけでも週刊誌が寄って集って食い物にした状況が見て取れた。「まさに四面楚歌ですね」との言葉が口を突いて出たほどだった。

問題の発端となった『週刊新潮』を開くと、『ドリフ「仲本工事」を虐げる27歳下「モンスター妻」』という、大仰な特集タイトルが目に飛び込んでくる。なんと4ページのトップ記事である。

純歌さんが、モンスター妻であり彼女が仲本さんを虐げているという筋書きなのだが、どれほど彼女が高齢の仲本さんにDVやパワハラを行ったのかと読み進めても、それはどこにも書かれていない。それもそのはず純歌さんはその現場にはいない。

彼女が仲本さんを虐げている、というのはあくまで『週刊新潮』の感想である。つまり記事が指摘しているのは、仲本夫婦の家がひどく散らかっており、そこに片付けるべき若い妻がいないではないかという、いわば「不作為の罪」を問うているのだ。純歌さんは公人（公務についている者）でないので公序良俗違反ではなく、まして犯罪を犯しているわけでもない。首相の秘書官で息子でもある人物が、公邸で親類を招いて忘年会を開いて騒いでいるのとはわけが違う。

このような公益性のない話で、名指しで、有名週刊誌に「モンスター妻」と書かれ、ネットで拡散されたのであれば書かれたほうはたまらない。

本来であればすぐに名誉毀損罪で刑事告訴すべきだったろう。そうすれば書いた記者や編集者までをも罪に問うことができた。だが名誉毀損というのは親告罪であり、親告罪の告訴は犯人を知った日から6カ月の間しかできないため「時すでに遅し」ということになる。

メディアに少しでも関わっている者なら反撃の手段はすぐに思いつくに違いないが、普通はそこまで気が回らないから、こういった暴走に歯止めをかけられない。

民事で訴えるにしても損害および加害者を知った時から3年で請求権が消滅してしまう。もし訴える覚悟があるのならば迅速にやる必要があると思われた。

それにしても、発端となった『週刊新潮』の記事のずさんさには驚くばかりだった。

仲本さんの娘さんの証言が歪曲されているなども氷山の一角で、あまりに内容がひどいのだと関係者は口を揃える。

特に問題が大きいのは、『週刊新潮』の記者が、ノックをしても誰も出てこないからと家屋に勝手に侵入し、住人の許可なく侵入し建物の中の汚れや家の壊れた箇所などの写真を公開していることだ。記事には、「奥のソファーに寝ていた仲本工事さんがゆっくりと起き上がった」とする記述はあるものの日時も状況も明らかにされず、4ページの特集を組みながらも、仲本さんとのやりとりの詳細は明かされない。

「留守のときに侵入されたのではないか」と純歌さんのマネージャーである天野若雄さんが疑うのも無理はないと思われた。

百歩譲って、この記者が訪れた日に仲本さんが在宅していたとする。だが少なくとも仲本さんは複数回の取材に対して「帰ってくれ、と終始、怒鳴っていた」と、この記事が自ら明かしている。本人を激怒させるほど執拗な週刊誌取材だったという証左であろう。「仲本さんが撮影の許可など出すはずもない」という純歌さんや天野さんの主張のほうが、はるかに説得力がある。掲載された写真が、いつ撮影されたものであるかの記載もない。

その無許可写真と事実誤認のある記事を、しかも「ゴミ屋敷」、「モンスター妻」として、『週刊新潮』は、約30万部も印刷して販売し、あるいは月間PVが1億を超えるウェブサイトで公開しているのだから、これがもし大手新聞の仕事ならば、社長の首が飛んでもおかしくない大事件になっただろう。

高齢化社会の今日、高齢者の自宅が片付かない家など相当な数あるだろうが、芸能人の住処だからといって、それを週刊誌でいきなり暴露し写真や証言を並べて報道することにどれほどの意味があるのかは議論があるに違いない。

純歌さんとの関係に「不満はなく満足している」と各所で語っていた仲本さんだが、純歌さんがいないときに、一人でどこまで自分の部屋の掃除などができたかは、たしかに疑わしい。

その点でいうと、手記が書き上がってから分かったことが、いくつもあった。

仲本さんは、純歌さん不在のときに、出入りしていた40代の女性にアルバイト料を支払って部屋の掃除や犬の散歩を頼んでいた。この女性こそ、仲本さん夫婦に代わって衛生面やペットの管理を行っていた事実を述べることのできる人物である。

ところがそんな話は、どの週刊誌にも1行たりとも出てこない。

なぜか？　それもそのはず、その女性は自ら週刊誌に「ゴミ屋敷」のネタを売り込んでいたからである。金をもらって掃除をしていた女性がゴミ屋敷を演出するというマッチポンプに相乗りして、週刊誌は、内部関係者の話を肉付けした。元ネタがあまりに弱いにもかかわらず、話を盛り過ぎたきらいがあった。

芸能人だから写真が公開されても我慢すべきでは、というのは的外れだ。2016年の東京地裁判決が、有名歌手の自宅内の人物を許可なく撮影して写真を掲載した出版社に550万円の損害賠償の支払いを認めている。芸能人にプライバシーがないわけではない。

前述のように、交通事故に遭って仲本さんが死亡したのちにも多数の週刊誌のバッシングは続く。なかでも『女性自身』の一連の記事はかなりひどいと純歌さんは涙ながらに訴えた。記事に登場する証言者の多くは匿名であるため、自分ではないと否定されれば、追及する方法は法的手段しかないというのが関係者の話だった。

ちなみに、2006年のアメリカの日本法人が所得隠しをしたとの報道で、記者が裁判で取材源に関する証言を拒絶したケースがあった。このとき最高裁は、「報道関係者は原則として取材源にかかわる証言を拒絶できる」としている。こういう流れで「取材源の秘匿」は正当化されてはいるが、それをいいことに、多くの媒体で証言の誇張や歪曲が常習化されている。

前述の窪田さんや天野さんなどは、フルネームでコメントすることを厭わない。つまりリスクを引き受ける覚悟がある人の証言である。そこに一定の信憑性、真実味を感じるのは自然なことだ。取材源の秘匿に守られた匿名コメントの意義は認めつつも、こちらの迫力は、『週刊新潮』の記事の力をはるかに上回った。

『女性自身』に掲載された写真を見て、天野さんは「捏造された写真が掲載されたのではないか」と首を傾げる。一枚目の写真と二枚目の写真では明らかに写っている物の位置が変わっているなど、いくつもの根拠を挙げ、合成されたか、意図的に被写体を動かした演出撮影が行われているというのだ。たしかにやらせ写真に見える。

さらにこの件では、窃盗も起こっていた。

事実、仲本さんが交通事故に遭った２０２２年10月18日から告別式の同月23日までの間に、純歌さんが経営していた店と目黒区内の自宅に設置していた三台の防犯カメラが取り外され、その中のカード（記録メディア）が盗まれるという事件が起こって、純歌さんは警察に駆け込んでいる。被害届を受けた警視庁碑文谷警察署は、純歌さんの自宅を捜査して残された指紋を採取して、同年12月22日に被害届を受理している。

この窃盗には証拠を隠滅しようとした犯罪の可能性が濃厚である。

このことを記事にした写真週刊誌『ＦＲＩＤＡＹ（フライデー）』は、一連のバッシング報道と結びつけながらも言葉を慎重に選びながら、『降って湧いたようなミステリー事件……。はたして犯人は見つかるのだろうか』『すっかり定着してしまった「悪女」のイメージを覆すことはできるか』などとの所感を述べるにとどめている。

一連の週刊誌でのバッシングには、デリカシーのない一方的な攻撃が認められた。非常識な取材、報道の自由を逸脱して名誉を毀損し、プライバシーを侵害したり個人の尊厳を傷つけたりする記事が多かったという依光さんの話には共鳴できた。

かたや書かれた側の仲本さんや純歌さん、支援者らは懸命なコメントを出してはいるが、反論できる機会はほとんど失われているということも判明した。

前述の『ＦＲＩＤＡＹ』が書くように、すでに定着させられてしまった「悪女」のイメージを覆し、純歌さんが芸能人として活躍できる状態に戻ることは時間がかかるのかもしれない。

多勢に無勢ではあるが、純歌さんには、仲本さんへの思いを綴っておきたいという意向があり、出版に踏み切ったものであることを付記しておきたい。

Special Thanks（五十音順）

・暁竜次／芸能プロダクション代表
・有田憲一／自営業
・池マリヤ／スナックMARIYA経営
・ウエカネケン／プロ歌手
・宇留間和基／（株）朝日新聞出版 元代表取締役社長、元『AERA』編集長
・う〜み／歌う旅芸人、高知県観光特使、函館市観光大使
・遠藤竜彦／自営業
・大木凡人／司会業
・大森うたえもん／タレント、歌手
・岡秀樹／幼稚園経営
・岡村誠二／岡村鉄工
・女屋実和子／東映女優
・勝田昌弘／TARO経営
・加藤義行／LUT合同会社代表社員
・加藤剛／LUT合同会社業務執行社員
・加藤陽／整体師
・叶純子／歌手
・神谷正規／広告代理店社長
・神田まさか／センチュリー21プレミアムホーム代表、タレント
・北岡知恵子／宝町笑店 代表
・木村賢児／サウンドオペレーター
・草間朝野／オフィスアサノ代表取締役
・栗城巧／建築家
・黒川英二／演歌歌手
・剛州／俳優
・児玉好広／ミュージシャン（バンドマスター）
・鼓太郎／俳優
・こぼん／おぼん・こぼん（漫才協会）
・小松由美子／ミュージックパブ未来 代表
・近藤幸太郎／ビートラスト不動産販売代表取締役
・斉藤将／（株）新世通信 代表取締役社長
・佐々木玄峯／真言宗山階派 勝楽寺住職
・佐々木周太郎／歌手、敏いとうとハッピー&ブルー　元ボーカル
・ジョニー徳田／ミュージカル俳優
・鈴木久美子／Channel AJER
・鈴木啓太／Barトゥナイト経営
・関寿一／（株）イースタンサウンドファクトリーエンジニアマネージャー
・せんちゃん（千崎敏司）／タレント・土佐市PR大使
・田岡孝浩／土地家屋調査士
・楽しんご／タレント、整体師
・辻本晃良／俳優
・鍔田一幸／（株）マルイチ代表取締役
・徳田秀次／高知県調理師連合会副会長
・中澤浩志／（株）バイエム興業 代表取締役
・中谷俊／（株）エムコーポレーション代表取締役
・中村英俊／（株）NGike取締役会長
・仲本光一／岩手県県央保健所長
・中山敬介／薬局経営
・永管裕一・永菅桂子／NPO法人棚田LOVERS
・西方裕之／演歌歌手
・西村本気／商品プロデューサー
・野原潤一（しんのすけファイヤー）／enjoy music代表
・橋本拡巳／自営業
・春やすこ／タレント、女優
・樋口敬子／プレスプラン（株）代表取締役社長
・飛弾卓也／鉄板焼き「弾」経営者
・半澤勝／自営業
・廣常正臣／幼稚園経営
・ファンキーはた／自営業
・福士健太郎／音楽プロデューサー
・フッキー（葺元光秀）／ノブ&フッキー（ものまねタレント）
・北條隆司／HJ（株）代表取締役
・前島ひとみ／女優
・松田忠博／スーパーバイザー、日本料理支配人
・三夏紳／俳優
・宮路オサム／演歌歌手
・元木浩二／ケーアップジャパンインターナショナル代表
・森川隆士／俳優
・山内秀敏／自営業
・山本慎也／（株）エマージュ代表取締役
・山本眞／(有)協栄設備　代表
・山本伯／歌手
・YURIA TSUBAKI／ベリーダンサー指導

著者／三代純歌　*Midai Junka*

高知県生まれ。高校時代よりラジオ「谷村新司の青春キャンパス」等の番組に出演。プロ歌手とのステージ活動中にスカウトされる。『ごめんね』『ありがとうそしてこれからも』でＣＤデビュー。仲本工事プロデュースによる『恋待ちつぼみ』発表。『仲本工事と三代純歌』として『この街で』『白いブランコ』『真夜中のギター』発表。2012 年 仲本工事氏と結婚。『こんにちは私の奥さん』『こぶ茶バンド高知公演』2015 年～ 22 年、夫婦で居酒屋やスナックを経営。2017 年『はぐれカモメ』『雨…行かないで』『思い出の家』ほか、2018 年以降、『龍子』『しまんと』『雨ニモマケズ』『あなたに会いたい』『薔薇の花』『そばにいるね』他を発表。『洋子の演歌一直線』（テレビ東京）、『有吉反省会』（日本テレビ）、『人生イロイロ超会議』（TBS）、『徹子の部屋』（テレビ朝日）他に出演。ラジオや舞台、映画、CM に出演。2022 年、夫と死別。着付１級講師、高知県観光特使。

構成／依光隆明　*Yorimitsu Takaaki*

高知新聞で東京支社編集部長、社会部長を歴任。不正融資を暴く取材班代表として新聞協会賞を受賞。朝日新聞に移籍。「プロメテウスの罠」の取材班代表で再び新聞協会賞を受賞。早稲田大学招聘研究員、名古屋テレビ番組評価懇談会委員、法政大学大学院講師なども勤める。共著に『黒い陽炎―県闇融資究明の記録』（高知新聞）、『レクチャー現代ジャーナリズム』（早稲田大学）、『プロメテウスの罠』（学研）、『知の挑戦 本と新聞の大学Ⅰ』（集英社）他。2022 年、朝日新聞を退社。現在、フリー記者。

笑顔の人 仲本工事さんとの真実

2024 年 2 月 10 日　第 1 版発行

著　　者　三代 純歌

発 行 人　木村 浩一郎

発行・発売　リーダーズノート出版

東京都豊島区西池袋 5-12-12-801
電話：050-3557-9906　FAX：03-6730-6135
https://www.leadersnote.com

装　　幀　塩崎 弟

印　　刷　株式会社平河工業社

ISBN 978-4-910805-20-7